AF193017

# Carta VII

COMPAGINACIÓN Y CUBIERTA: OLAYA GARCÍA
AL CUIDADO DE LA EDICIÓN: BENITO GARCÍA NORIEGA

PLATÓN

# Carta VII

Traducción e introducción de
MIGUEL HERRERO DE JÁUREGUI

KRK EDICIONES • 2024

ORIGINAL

J. Moore-Blunt, *Platonis Epistulae*, Leipzig, Teubner, 1985.

© de la traducción e introducción, Miguel Herrero de Jáuregui
© de esta edición, Krk Ediciones
www.krkediciones.com
Álvarez Lorenzana, 27. Oviedo
ISBN: 978-84-8367-843-5
D.L.: AS-2813-2024
Grafinsa. Oviedo

# Índice

# MIGUEL HERRERO DE JÁUREGUI

## Introducción

*A mi hermano político Gonzalo*

# Introducción

La *Carta séptima* de Platón es un testimonio fundacional sobre la relación de los intelectuales con el poder, y sobre la atracción mutua y a menudo frustrante de especulación teórica y práctica política. Este documento excepcional nos habla desde la antigua Grecia sobre una situación recurrente en muchas épocas históricas, incluida la nuestra, y su importancia trasciende los acontecimientos de Siracusa en el siglo IV a. C. para iluminar dimensiones permanentes de la sociedad humana. Probablemente es la única carta auténtica de Platón, aunque en el último medio siglo han surgido dudas razonables sobre este punto. Precisamente lo plausible de los acontecimientos narrados y de las acciones y pensamientos de los personajes permite dudar si es Platón quien narra su propia experiencia, si es un discípulo que le oyó contarla, o si un imitador posterior recrea con imaginación y talento hechos ocurridos anteriormente. Pero esta cuestión es secundaria respecto a los temas de fondo, sobre los que el consenso es total: hay certeza en los viajes de Platón a Siracusa y su fracasado intento de convertir al tirano Dionisio en rey-filósofo, sobre la intención apologética de la carta, y sobre su notable impacto en la posteridad.

## PLATÓN EN SIRACUSA

La *Carta VII* responde a los familiares y amigos del noble siracusano Dion, gran amigo de Platón y recientemente muerto. El filósofo contesta a la petición de consejo exponiendo sus ideas sobre el buen gobierno, y aprovecha para dejar claros los sucesos de su breve etapa como consejero de Dionisio. Con matices, otras fuentes antiguas confirman la veracidad de los principales hechos narrados en la carta.

Platón visitó por vez primera Siracusa en torno al año 388 a. C., cuando ya pensaba dedicarse a la filosofía tras su desengaño con la política ateniense, pero antes de fundar la Academia. Ese viaje inicial acabó desastrosamente, y fuentes posteriores cuentan que el tirano Dionisio I lo terminó vendiendo como esclavo. La carta omite este ominoso desenlace, pero sí menciona otro suceso capital de aquellos días: la amistad que Platón trabó con el joven aristócrata Dion, cuyas cualidades morales e intelectuales destacaban en el disipado ambiente siracusano. Cuando murió Dionisio I en el año 367, Dion llamó a Siracusa a Platón, quien entonces contaría unos sesenta años, convencido de que el joven Dionisio II podía ser permeable a su influjo para establecer un gobierno justo. Dion, tío del nuevo tirano por parte de madre, veía en él un interés por la filosofía que abría la oportunidad de llevar a la práctica las teorías que Platón había desarrollado durante años en la Academia.

Platón aceptó, pero pronto se vio envuelto en las intrigas de la corte siracusana que culminaron con el destierro de Dion. Fracasado el intento de educar a Dionisio como gobernante virtuoso, Platón volvió a Atenas, pero aún había de tornar a Siracusa en un tercer y último viaje que acabó en abierta hostilidad con el tirano. La *Carta* cuenta las razones que le llevaron a aceptar la propuesta por dos veces consecutivas, y cómo todo se torció hasta desembocar en el desastre: vívidas narraciones, diálogos y soliloquios en primera persona se entremezclan con reflexiones filosóficas sobre cómo debería ser el buen gobierno en general, y en particular el que Platón hubiera querido implantar en Sicilia convenciendo a Dionisio de la mano de Dion.

La carta no culpa del fracaso sólo a Dionisio, cuyas cualidades intelectuales Platón considera desperdiciadas, pues apreciaba la filosofía de modo inconstante y superficial, más como ornamento que como columna de su gobierno. Es sobre todo el ambiente político de Siracusa, corrompido por la vida muelle, entregado a calumnias, rivalidades y conspiraciones propias de los regímenes tiránicos, lo que convence a Platón (y al lector) de que es vano cualquier intento de cambiarlo desde el poder. Así lo demostró el fracaso del propio Dion cuando pocos años después consiguió derrocar a Dionisio, para inmediatamente verse envuelto en disputas internas y morir asesinado. Con el elogio póstumo de Dion se cierra la carta, en un ominoso tono de desesperanza sobre el futuro de Siracusa, igual que el final de la *Ilíada* con los funerales de Héctor hace presagiar la pronta destrucción de Troya.

## EL INTELECTUAL Y LOS POLÍTICOS

Frente al velo distanciador de los diálogos, en la *Carta séptima* Platón habla de sí mismo en primera persona y da sus opiniones sin esconderlas tras un personaje. Como en todas las memorias, la suya es una visión parcial que explica la realidad con clara intención autojustificativa: la epístola es apologética de toda la actuación siracusana del filósofo. Platón quiere dejar claro, no sólo ante los amigos de Dion, sino ante sus contemporáneos y la posteridad, que su actuación fue correcta y no tuvo en ningún momento connivencia con el tirano. Es probable que quisiera atajar rumores propalados en círculos políticos y filosóficos griegos e imponer su versión de los hechos sobre algunas cuestiones que claramente le importaban: por qué decidió aceptar ser consejero del tirano no sólo una, sino dos veces; en qué medida Dionisio podía decirse discípulo suyo; y su absoluta distancia con los atenienses que habían dado muerte a traición a su antiguo amigo Dion.

En ese empeño reconocemos la voz personal del anciano filósofo, que ya pasados los setenta años reflexiona sobre su relación con la política práctica, remontándose a modo de prólogo a su juventud en Atenas, donde su implicación política terminó de modo comparable a Siracusa. Su buena intención para actuar en pos del bien común es impotente ante la sed de poder de los gobernantes, la calumnia y la mentira como armas, y la ceguera de un pueblo que no quiere ser gobernado por leyes sino satisfacer sus bajas pasiones. Tanto Sócrates en Atenas como Dion en Siracusa pagarán con su vida la oposición a las inexorables reglas del poder desnudo que, sea democrático o tiránico, a la postre aboca al mismo desenlace trágico. Por eso Platón comienza contando que su vocación por la filosofía proviene de renunciar a la trayectoria política a la que parecía predestinado por su familia y posición en la ciudad. Su desengaño juvenil con la política ateniense tiene dos fases que muestran que no es cuestión de un régimen específico sino de la injusticia de los gobernantes: primero el breve gobierno oligárquico de los Treinta y después la restauración democrática, bajo la que Sócrates fue condenado.

Sin embargo, pese a los desengaños, Platón vuelve a caer una y otra vez en la tentación de influir en política. Incluso al final de la carta declara su disposición a colaborar en una improbable solución de reconciliación. Él mismo nos da la razón de esta actitud siempre abierta cuando explica por qué aceptó la invitación: ¿cómo rechazar la oportunidad de llevar a la práctica sus teorías tanto tiempo pergeñadas? Como el médico que rechaza atender a un paciente, el intelectual que rechaza asistir a la ciudad se granjearía la irrisión general.[1] Pero igual peligro corre, por otro lado, el que aconseja a quien no tiene intención de escuchar y sirve de coartada filosófica a un gobierno tiránico, que es la permanente preocupación de Platón en su relación con Dionisio. La conciencia de su propio papel ante sí mismo y ante la posteridad es el motor que guía

---

[1] Sobre las frecuentes imágenes médicas para el quehacer político en la carta, véase J. Cano, «Política, dieta y salud: el *análogon* médico en la *Carta VII*», *Areté* 26, 2014, 187-205.

su actuación, tanto cuando decide aceptar como cuando decide, también por dos veces, marcharse.

Es conmovedora la ingenuidad del filósofo ante las tramas experimentadas de un hombre de poder como Dionisio, que le engaña como y cuando quiere. La asimetría se pone de manifiesto en la escena (349b) en que Platón, paseante exiliado en el jardín víctima de las intrigas palaciegas, engañado y ninguneado varias veces por quien se decía su amigo, aún confía en su prestigio como garante de una promesa y se encuentra con la pura voluntad de poder: «Tranquilo» (*tharrei*) dice Platón con autoridad oracular, «pues Dionisio no se atreverá a hacer nada contrario a lo acordado ayer». «Contigo yo no he acordado nada» replica Dionisio mirándole «de un modo muy propio del tirano» (*mala tyrannikōs*). Ante esa mirada sucumbe la esperanza platónica de un tirano reformable, la inanidad de su peso ante el poder se hace patente, y no queda sino tratar de escapar cuanto antes. Platón prefiere quedar de ingenuo que de cómplice.

Pese a su parcialidad, el autorretrato de Platón es muy humano en cuanto que reconoce sus pro-

pias dudas constantes y la inutilidad de sus esfuer-
zos. Asimismo, la figura de Dionisio, a quien pese a todo reconoce haberle preservado con vida en
una especie de «síndrome de Estocolmo» (340a,
350c-d), se dibuja con perfil reconocible como un
típico tirano, que anticipa en Sicilia la clase de gobernante absoluto que en época helenística había
de extenderse por todo el mundo griego: pendiente
ante todo de preservar un poder basado en su ejér-
cito mercenario, usa la filosofía de ornamento, como quien tiene la piel tostada por el sol (340d), pero desconfía a la vez de ella como posible amenaza.
Pese a los tópicos que siempre perfilan a un tirano,
carne y hueso son reconocibles tras el personaje.

Quizá más dudas puede suscitar la veracidad
del retrato de Dion, idealizado en contraposición
a Dionisio y con el aura de su reciente asesinato.
No en vano la carta se cierra con su encomio como mártir de las virtudes políticas y morales que
los siracusanos no supieron apreciar en vida. Pero
cabe la duda de que Dion fuera en realidad tan distinto de Dionisio, y de si Platón no sería un alfil en
la contienda propagandística entre ambos próce-

res, sin que el filósofo se diera cuenta cegado por su amistad. La demostrada ingenuidad de Platón en Siracusa y la leyenda de su amor por Dion no permiten descartarlo, mientras que otras fuentes destacan también, junto a sus indudables virtudes, las sombras de un político en lucha por el poder.[2]

En este cuadro desolador de desengaño y frustración, luce sin embargo una esperanza, que como en el mito hesiódico de Pandora, no está claro si es la maldición de expectativa falsa que llevará a tropezar una y otra vez con la misma piedra, o una estrella polar que marca un rumbo cierto en el horizonte humano. Esa esperanza es la amistad (*philia*) que Platón considera aquí, más que en ningún diálogo, piedra angular de cualquier empresa política que pueda tener éxito. La *philia* es aquí al tiempo virtud privada y pública, y aúna también la teoría abstracta con la práctica que se funda en la experiencia: los imperios que duran, dice Platón, se basan en que en las ciudades gobiernen los afines, y como a Dionisio el Viejo le faltaron compañeros leales de

---

[2]  Las tradiciones antiguas sobre Dion son estudiadas a fondo por L. J. Sanders, *The Legend of Dion*, Toronto 2008.

quienes se pudiera fiar, su principal consejo práctico para Dionisio el Joven es establecer amistades constructivas que le puedan ayudar en sus planes de recuperación del esplendor griego en Sicilia (331e-332c). Incluso la verdadera esencia de las cosas que en la abstracta digresión filosófica llama «lo quinto» se adquiere sólo por la afinidad que da el trato (344a-b). La *philia* atraviesa toda la carta como el motor que puso en marcha a Platón, movido por su amistad con Dion, y reconoce que aún, llegado el caso, lo volvería a llevar a la acción política, pues por encima de toda la mala experiencia y del desengaño constante, en la amistad ve todavía el anciano filósofo la única esperanza de éxito (350d). Ahora bien, su idea de la amistad es muy rigurosa: no es la camaradería social o el compañerismo de las empresas compartidas (333e), una amistad a la postre corruptible como demuestra la traición de los (falsos) amigos de Dion; la verdadera *philia* proviene de la filosofía, de una «comunidad de educación libre», que es superior a cualquier afinidad de cuerpos y almas (334b). Esa comunidad de ciudadanos libres es, a la postre, la que conforma la ciudad ideal a la que aspira el filósofo y que, pese a los desengaños permanentes, nunca renuncia a proponer como horizonte deseable.

La centralidad de la amistad se comprueba *a contrario* en el rechazo de Platón a toda forma de violencia, lo que le distancia radicalmente de los métodos de la tiranía. Insiste una y otra vez en que su plan para Sicilia no debe comportar ejecuciones ni exilios (327d, 331d, 336e, 351c). Y más en general, resume en un párrafo memorable cuál debe ser la actitud del filósofo ante la posibilidad de participar en la vida pública (331d): cuando sea necesario hablará «si es que no va a hablar en vano ni a morir por hacerlo», pero cuando no pueda instaurarse un buen gobierno sin violencia, no la promoverá, sino que «retirándose a una vida tranquila, debe elevar preces por su propio bien y el de la ciudad».

## Autenticidad de la *Carta VII*

La carta es tan coherente en sus planteamientos, tan similar al estilo de los diálogos, tan clara y fluida en su desarrollo narrativo, que hasta bien entrado el siglo xx nadie puso en duda su autenticidad. Pero en el último medio siglo, precisamente esos rasgos han contribuido a las sospechas sobre su autoría.[3] ¿No será más bien un escritor platónico, buen conocedor del estilo del maestro, quien compuso la carta un tiempo después para defender su actuación? Las escuelas retóricas del helenismo proponían como ejercicio clásico la elaboración de cartas ficticias de personajes históricos, y esta carta sin duda es un despliegue de argumentos y anécdotas bien hiladas que habría enorgullecido a cualquier maestro de epistolografía. Ahora bien, si algo no se le puede achacar al Platón autor de los diálogos es falta de talento como prosista o incapacidad para crear ambientes y personajes. Si las virtudes literarias de la *Carta VII* son achacables a un imitador, más aún pueden serlo al maestro.

---

[3] El gran ataque contra la autoría platónica fue lanzado por L. Edelstein, *Plato's Seventh Letter*, Leiden, Brill, 1966; M. Burnyeat y M. Frede, *The Pseudo-Platonic Seventh Letter*, Oxford, 2015, han recogido y acuñado nuevos argumentos contra la autenticidad. A favor, véanse la defensa de J. B. Torres Guerra en *Platón: Cartas*, Madrid, 1993, y H. L. Reid y M. Ralkowski, eds. *Plato at Syracuse. Essays on Plato in Western Greece*, Parnassos Press, Fonte Aretusa, 2019.

La principal causa de sospecha sobre la carta es el corpus en que se ha transmitido. De las trece cartas atribuidas a Platón sólo ésta es verosímil (pese a que también la VI y la VIII tienen algunos defensores). Es con mucho la más larga y enjundiosa, y las demás cartas parecen derivar de ella, tirando de hilos de los acontecimientos siracusanos y del triángulo de personajes Platón-Dionisio-Dion. Ahora bien, que las demás cartas sean espurias puede incitar a sospechar también de la *Séptima*, pero no fuerza a descartarla. Precisamente un núcleo auténtico puede facilitar la aparición de pseudoepígrafos posteriores, en los que por cierto la artificiosidad retórica es mucho más aparente.

En cuanto a las razones internas, se encuentran en la propia carta tanto argumentos a favor como en contra de la autenticidad. La similitud estilística con los diálogos, incluso en las construcciones sintácticas y el uso de partículas, es muy relevante indicio para algunos, y signo de la habilidad de un imitador para otros. Igual ocurre con la cuidada estructuración y composición. Respecto al contenido, los escépticos señalan las discrepancias filosóficas respecto a los diálogos, tanto en la teoría política como en la doctrina de las cinco dimensiones de la realidad esbozada en el discurso digresivo (341b-345c).[4] Los defensores de la autenticidad prefieren resaltar las afinidades generales y recuerdan que son géneros diferentes y para públicos distintos: una carta no busca la verdad mediante un proceso dialéctico, sino que expone una opinión en tono asertivo y con intención apologética. Además, recuerdan, el propio Platón, que evoluciona y cambia también en sus diálogos, cuando escribe la carta es ya anciano, y sus opiniones no tienen por qué coincidir con las de sus obras de juventud y madurez, más aún tras los desengaños siracusanos. De hecho, son las *Leyes*, su último diálogo, donde se encuentran quizá más concomitancias de pensamiento. Finalmente, la carta también se ha tomado como muestra de que los diálogos expresan doctrinas exotéricas para el público general mientras que las esotéricas reservadas a la transmisión oral entre los propios académicos serían las que se reflejan en la epístola. Pero sobre todo, la carta se refiere

---

[4]  Se señalan en las notas 2 y 16 de la traducción.

a una situación real en la que la teoría queda subordinada a la práctica, y de ahí quizá la adaptación de las ideas abstractas al contexto siciliano.

A la postre, la división de opiniones entre los estudiosos, entre los que un buen número se declara agnóstico respecto a la cuestión, lleva a primar la intuición de cada uno. Y en ese ámbito subjetivo, mi inclinación es por la autenticidad de la carta. Además de las razones estilísticas y formales apuntadas, en la carta se percibe una voz muy personal, que trasciende el artificio retórico, del anciano intelectual que mira atrás y salda cuentas pendientes. No sólo respecto a su actuación política, como hemos visto, sino incluso en temas aparentemente menores. Por ejemplo, el prurito de negar enfáticamente que Dionisio pueda decirse discípulo suyo como filósofo es propio de un pensador en sus últimos años, preocupado por su legado intelectual y su reputación. A Platón le molesta sobremanera que el tirano siente doctrina filosófica malbaratando ideas que le escuchó a lo sumo una vez, y como prueba contra tal pretensión, incluye en la carta un resumen de su doctrina sobre los cinco factores, una evidente digresión que dificulta la unidad compositiva de la carta. Un rétor o imitador preocupado por la unidad formal difícilmente habría colocado ese discurso filosófico en la epístola, pero sí el viejo maestro que quiere dejar clara su distancia respecto a la supuesta filosofía de Dionisio. Igual cabe suponer respecto a la insistencia de la carta en condenar, en defensa del buen nombre de Atenas, a los asesinos de Dion. Puede ser idea de un imitador, pero es totalmente coherente con la autoría platónica.

Pese a todo, la cuestión de la autenticidad, como en tantos otros escritos de la Antigüedad, es de importancia relativa. Al cabo, si resultó ser el autor de la carta un discípulo que plasmó con fidelidad los recuerdos e ideas del maestro, bienvenido sea quien nos transmitió su voz.

## Posteridad de la *Carta*

La *Carta VII*, sea de Platón o de un discípulo, es una carta abierta sobre la actuación siciliana del filósofo, y se dirige a sus contemporáneos griegos y a los lectores del futuro. El proyecto tuvo éxito a juzgar por su eco en los siglos posteriores. Para empezar, si tomamos la *Séptima* como la única auténtica, o en cualquier caso como la primera, las propias epístolas restantes son la primera etapa de recepción, pues toman esta carta y su narración como modelo y referencia.

Como en un juego de espejos, cada nuevo receptor amplifica la reflexión platónica y la expande hacia nuevos horizontes. Probablemente el mayor ejemplo de filósofo-político que nos brinda la Antigüedad clásica es Cicerón, quien a menudo en su vasta obra gusta de citar y emular a Platón y tiene bien presente sus cartas. Al estallar la guerra el 49 a. C. entre Pompeyo y César, Cicerón se quedó en Italia cuando el primero abandonó la península, y tuvo que recomponer a toda prisa sus posiciones atendiendo, por un lado, al victorioso César, y por otro a su reputación como senador incorruptible e independiente. En sus *Cartas a Ático* justifica su colaboración con César comparándola con la situación de Platón en la corte de Dionisio.[5] Cice-

---

[5] S. McConnell, *Philosophical Life in Cicero's Letters*, Cambridge, 2014, especialmente pp. 62-114.

rón se autorretrata como el filósofo que mantiene
amistad con el caudillo en aras del bien superior de
la república, a la que así puede servir como modera-
dor del poder absoluto. Cualquiera que sea la distancia respecto a los hechos reales, en la obra de Cicerón, especialmente en ese momento, resuenan las
mismas dudas y esperanzas del Platón que se pre-
gunta, no pocas veces con angustia, cómo conci-
liar con coherencia y eficacia la teoría filosófica y la
práctica política.

Otro hito de la recepción antigua es la *Vida
de Dion* de Plutarco, que la empareja con la *Vida de
Bruto*, como ejemplos ambos de oposición virtuosa
al tirano (Dionisio en Siracusa y César en Roma).
La *Carta VII* es una fuente principal de Plutarco para presentar como héroe trágico a un Dion que guiaba su vida con entera fidelidad a los principios platónicos. Frente a otra tradición historiográfica más
hostil a Dion que duda de sus intenciones respecto a
Siracusa, Plutarco consolidó la leyenda más positiva
siguiendo el retrato idealizado trazado por Platón.[6]

---

[6]  Véase Sanders, *op. cit.* El principal testimonio de la tradición hostil es Cornelio Nepote.

No menos célebre es la tradición de amistad entre Platón y Dion como ejemplo del amor que eleva
el alma al modo descrito en el *Banquete* o el *Fedro*.
Un epigrama que Platón habría compuesto al enterarse de la muerte de Dion divide (una vez más) a
los estudiosos. Ya sea suyo, ya sea un apócrifo compuesto a partir de la *Carta VII*, el debate no quita
un ápice de patetismo a los versos:[7]

Lágrimas para Hécuba y las mujeres troyanas
las Moiras les tejieron al nacer,
mas para ti, Dion, vertieron anchas esperanzas
los dioses de alcanzar el triunfo en bellas obras.
Y honrado de tus conciudadanos yaces en la patria
    anchurosa
tú que mi ánimo hiciste de amor exultar, Dion.

En la modernidad, y al margen del estudio filo-
lógico de los textos platónicos, hay dos dimensio-

---

[7]  Transmiten el epigrama Diógenes Laercio 3.30 y la *Antología pa-
latina* 7.99. Véase C. M. Bowra, «Plato's Epigram on Dion's Death»,
*The American Journal of Philology*, 59.4 (1938), 394-404, con una convincente defensa de su autenticidad.

nes de recepción de la *Carta VII*. Por un lado, en la vertiente literaria y artística, las *Vidas* de Plutarco fueron una fuente de inspiración fundamental para múltiples autores, en especial entre monarcómacos, tiranicidas y revolucionarios que reivindicaron la memoria de los héroes antiguos defensores de la libertad. A través de Plutarco, el retrato platónico de Dion perpetuó su figura como ejemplo de político virtuoso y el de Dionisio como tirano. El *Diálogo de Platón y Dionisio en el Hades* de Fénelon y el poema *Dion* de William Wordsworth son dos ejemplos célebres de esta recepción literaria.

Por otro lado, en la vertiente puramente política, la *Carta VII* tiene un interesante resurgir en el último siglo. Con la aparición de los medios de comunicación de masas, a mediados del XIX empezó a surgir una creciente exigencia de compromiso político a los intelectuales que se consolida a partir de la Primera Guerra Mundial.[8] En el florecimiento de

---

[8] He estudiado el ejemplo de los manifiestos de intelectuales en los primeros meses de la guerra en M. Herrero de Jáuregui, «La ceguera de los lúcidos: El Manifiesto de los 93 y otros textos relacionados», A. Martín y P. Santos (eds.) *La idea de decadencia de Occidente cien años después*, Madrid, Dykinson, 2018, pp. 37-50.

las grandes ideologías políticas del siglo xx, no pocos pensadores se aproximaron a los regímenes autoritarios y totalitarios, por diversas razones, desde la atracción sincera al beneficio personal o al acomodo forzado *more ciceroniano* a la situación. Mark Lilla ha estudiado los casos más notorios (Schmitt, Kojève, Sartre, entre otros) en una obra que cierra con epílogo de nombre evocador: la seducción de Siracusa.[9] Parte del caso paradigmático de Heidegger, cuya colaboración con el nazismo en 1933 desde el rectorado de la universidad de Friburgo fue comparada por colegas filósofos como Gadamer y Arendt con la experiencia siracusana de Platón: un intento fracasado pero bienintencionado de colaborar con el tirano para lograr un fin benéfico, que no llegó a buen término por la naturaleza irreformable del gobierno tiránico. Arendt incluso dice que ese error fue fruto de una «deformación profesional» que afecta a todo filósofo. Es claro que acogerse al venerable ejemplo de Platón es un modo de

---

[9] M. Lilla, *The Reckless Mind: Intellectuals in Politics*, New York 2001 (traducción española de N. Catelli, *Pensadores temerarios,* Madrid, Debate, 2017).

excusar la colaboración y presuponer la intención pura del filósofo alemán, que el examen de sus propios escritos ha puesto en cuestión.[10]

La metáfora de Siracusa usada por Lilla extiende a los demás el caso de Heidegger, pero no siempre hace justicia a Platón al compararlo con intelectuales colaboracionistas que, contrariamente al ateniense, no rechazaron la violencia ni se opusieron a la tiranía. Sin embargo, expresa bien la seducción que, en Grecia como ahora, para el intelectual supone la cercanía del poder. El siglo XXI no va a la zaga en casos notorios de regímenes despóticos que tienen sus defensores en la intelectualidad occidental, y un vistazo a los periódicos proporciona numerosos ejemplos. Pero no sólo debemos fijarnos en los casos más obvios del tirano que busca coartada académica. También el capitalismo liberal puede seducir fácilmente a un intelectual honesto con la promesa vaga de una influencia incierta, y sin darse cuenta éste queda apresado en un jardín palaciego del que es difícil salir, mientras enredado

---

[10] Además de Lilla, *op. cit.*, pp. 1-46, véase F. J. González, «Did Heidegger Go to Syracuse?» en Reid y Ralkowski, *op. cit.*, pp. 265-90.

en intereses ajenos ve su filosofía reducida a la crema solar que ayuda a tostar agradablemente la piel de sus patronos... A la *Carta séptima* le queda sin duda una larga vida por delante.

## ESTA TRADUCCIÓN

Mi traducción de la *Carta VII* parte del texto griego editado por Jennifer Moore-Blunt, salvo la división en párrafos y secciones.[11] Pretende mantener la fidelidad al griego original y a la vez lograr un registro comprensible para el lector castellano que no sea especialista en Platón. Para conseguir este equilibrio se han preservado algunas construcciones del griego y otras no: por ejemplo, el uso ocasional del presente histórico que otorga mayor vivacidad a la narración se ha mantenido donde el castellano lo permite; en cambio la mayoría de las repeticiones de una misma palabra o raíz en griego se reflejan en términos diferentes en castellano, pues nuestra lengua rechaza el recurso al políptoton tan apreciado y frecuente en griego. Las notas explicativas se han reducido al mínimo para aclarar

---

[11] J. Moore-Blunt, *Platonis Epistulae*, Leipzig, Teubner, 1985.

las referencias oscuras. Para comentarios más extensos remito a las traducciones españolas de José B. Torres Guerra y Jorge Cano, así como a los otros estudios citados en las notas.[12]

---

[12] J. B. Torres Guerra, *Platón: Cartas*, Madrid, Akal, 1993; J. Cano, *Platón: Carta VII*, Madrid, Cátedra, 2014. Véanse también las traducciones de M. Toranzo, Madrid, Instituto de Estudios Políticos, 1954; J. Zaragoza, Madrid, Gredos, 1992, y J. Martínez, Madrid, Alianza, 1998.

# Carta VII

Platón saluda a los parientes y compañeros de Dion:

Me escribisteis que debía asumir que vuestra intención era la misma que también tenía Dion, y por ello me animabais a unirme a vosotros de obra y de palabra, en la medida en que fuera capaz. Y yo, si tenéis la misma opinión y deseos que éste, prometo que me uniré, pero si no, os aseguro que me lo pensaré muy mucho. Y podría decir cuál era su intención y deseos, no suponiéndolo por aproximación, sino porque lo sé con exactitud. Pues cuando yo llegué al principio a Siracusa, con apenas cuarenta años, Dion tenía la edad que ahora tiene Hiparino,[1] y la opinión que entonces tenía la continuó mante-

351a

b

---

[1] Este Hiparino es probablemente hijo de Dion. Las noticias de Nepote (*Dion* 4.5, 6.1-2) y Plutarco (*Dion* 55) sobre que un hijo de Dion se suicidó viviendo su padre parecen fruto de una novelización de la figura de Dion, sobre quien se acumulan las desgracias como un héroe trágico.

niendo hasta el final: pensaba que los siracusanos          b
deben ser libres y vivir según las mejores leyes. De
modo que no sería de extrañar si algún dios hubiera hecho que también Hiparino concordase con él
en la misma opinión política. Y de qué manera se
originó ésta, merece la pena que lo escuchen jóvenes y no tan jóvenes, así que trataré de explicáros-
lo yo desde el principio, pues el momento presente
da ocasión.

## Juventud y vocación de Platón

Cuando yo era joven sentí, por supuesto, lo mismo que otros muchos: pretendía, tan pronto como
llegara a ser dueño de mi propia vida, dedicarme
directamente a los asuntos públicos de la ciudad.          c
También a mí me afectaron determinadas circunstancias de los sucesos políticos; puesto que el régimen de entonces era detestado por muchos, hubo
una revolución, y ciertos hombres se pusieron al
frente como caudillos de la revolución, en número de cincuenta y uno: once en la ciudad y diez en
el Pireo —cada uno de ambos grupos a cargo del
ágora y de cuanto hubiera que disponer en asuntos

d  municipales— y treinta se instituyeron como gobernantes con poder absoluto sobre todo. Algunos
de ellos resultaban ser familiares y conocidos míos,
y en consecuencia me llamaron al punto para que
me ocupase de asuntos que me incumbían. Y yo, a
causa de mi juventud, no respondí nada que pueda
sorprender, pues pensaba que aquéllos iban a go-
bernar la ciudad llevándola de un tipo de vida in-
justo a un régimen justo, por lo que les dediqué la
máxima atención para ver qué habían de hacer. Y
lo que vi es que aquellos hombres en poco tiempo
mostraron que el régimen anterior era de oro, y en-
e  tre otras cosas incluso a mi querido amigo, el anciano Sócrates, de quien apenas tendría yo reparo en
decir que era el más justo de los hombres de entonces, lo enviaron con otros a por un ciudadano para que lo trajera por la fuerza como reo de muerte
352a  —claro, para que participase de sus acciones, quisiera o no—. Pero éste no obedeció y se arriesgó a
sufrir de todo antes de llegar a ser cómplice de sus
impiedades. Así que viendo todas estas cosas y aun
otras tales de no poca monta, no pude soportarlo y
me mantuve aparte de los males de aquel momento.

Y no mucho después cayó el gobierno de los Treinta y todo aquel régimen. De nuevo, aunque más débilmente, me atraía pese a todo el deseo de actuar en los asuntos públicos y políticos. En aquel momento tan revuelto sucedían muchas cosas que uno soportaría mal, y nada tiene de extraño que hubiera venganzas excesivas de algunos contra sus enemigos al cambiar las tornas, aunque los que entonces regresaron se comportaron con bastante equidad. Pero por algún azar ciertos poderosos llevaron al tribunal a este amigo nuestro, Sócrates, lanzando contra él la acusación más inicua y la menos adecuada de todas contra él. Pues unos le acusaron de impío, y otros lo condenaron, y mataron al que en su momento no había querido participar del arresto inicuo de un partidario de quienes huían cuando ellos mismos sufrían persecución.

Observando estos sucesos y a los hombres que actuaban en política, y las leyes y costumbres, cuanto más observaba y más avanzaba en edad, tanto más difícil me parecía administrar con rectitud los asuntos públicos: no es posible actuar sin amigos ni compañeros fiables, a los que no era fácil encontrar disponibles, pues nuestra ciudad ya no se regía por los usos y normas de nuestros padres, y era imposible adquirir otros nuevos con cierta facilidad; y tanto las leyes codificadas como las costumbres se corrompían, y se proseguía de modo tan alarmante que yo, que al principio estaba lleno de ganas de actuar en la vida pública, observando estos sucesos y viéndolos evolucionar en todas direcciones y maneras, acabé por desfallecer; mas no dejé de contemplar que llegara a ser mejor en algún momento esta situación y, por consiguiente, la de la política en general, y siempre esperaba momentos propicios para actuar. Pero finalmente comprendí que todas las ciudades actuales se gobiernan mal en su conjunto —pues el estado de sus leyes no tiene apenas remedio sin que concurran alguna medida extraordinaria y la suerte— y llegué a la conclusión forzosa, en alabanza de la recta filosofía, de que es gracias a ella que se puede comprender toda la justicia pública y privada: en suma, que no se librará la especie humana de sus males, hasta que la clase de quienes filosofan con rectitud y verdad no llegue al poder político o que la clase de quienes gobiernan

en las ciudades no se dedique realmente, por algún
designio divino, a filosofar.

## Primer viaje a Siracusa

Con este pensamiento fui a Italia y Sicilia, cuando viajé por vez primera. Pero cuando llegué, el tipo de vida que allí decían feliz, colmado de festines
a la italiana y a la siracusana, no me gustó para nada en absoluto: vivir atracándose durante dos días
y no acostarse nunca solo por la noche, y cuantos          c
hábitos siguen a este estilo de vida. Pues practican-
do desde joven estos hábitos, ninguno de los hombres que habitan bajo el cielo podría ser sabio —no
saldrá bien una mezcla con tan extraña naturaleza— ni podría llegar a ser algún día prudente, y el
mismo razonamiento cabría, claro, respecto a las
restantes virtudes: ninguna ciudad estará en calma
de acuerdo a sus leyes, cualesquiera que sean, si su
gente opina que hay que despilfarrar todo en exce-          d
sos, y considera que a su vez hay que ser indolente
en todo menos en procurarse ocasiones de banque-
teo, bebida y apetencia sexual. Es fuerza que estas
ciudades nunca dejen de mutar hacia tiranías y oli-

garquías y democracias, y que los que gobiernan en ellas no aguanten ni siquiera oír el nombre de un régimen de justicia e igualdad ante la ley.[2]

Tras añadir esta reflexión a las anteriores, crucé a Siracusa, quizá por puro azar, aunque parecería que algún dios superior ingenió entonces dar principio a los acontecimientos sucedidos ahora en torno a Dion y a Siracusa. Y temo que aún lleguen a más si vosotros no me hacéis caso, ahora que os aconsejo por segunda vez.[3] En cualquier caso, ¿cómo es que digo que el principio de todo fue mi llegada entonces a Sicilia? Puesto que yo acompañaba a un Dion entonces joven, cabe la posibilidad de que, al mos-

---

[2]  La democracia aparece aquí entre los regímenes degenerados (como en la *Política* de Aristóteles, se opone a la *politeia*, en que la mayoría gobierna virtuosamente). El régimen deseable aquí es la *isonomía* (igualdad ante la ley), que Platón desprecia en *República* 561a-e. En el diálogo *Político* 301-302 la democracia es el único régimen que no distingue nominalmente su versión virtuosa y degenerada, frente a las parejas monarquía *vs.* tiranía y aristocracia *vs.* oligarquía. La terminología constitucional no era estable, y aquí *isonomía* se concibe positivamente por oposición a la tiranía.

[3]  La primera vez que Platón aconsejó en términos similares a los amigos de Dion debió ser en Olimpia a su vuelta del tercer viaje (como relata al final de la carta, en 350d).

trarle con razonamientos lo que me parecía mejor
para la gente y aconsejarle ponerlo en práctica, no
me diera cuenta de que sin querer estaba maquinando algún tipo de derrocamiento futuro de la tiranía. Pues lo cierto es que Dion, estando muy dispuesto a aprender, a más de otras cosas, también
las materias que yo entonces impartía, escuchó más
aguda e intensamente que ninguno de los jóvenes          b
que nunca me he encontrado, y quiso vivir el resto
de su vida de modo diferente a la masa de italianos
y sicilianos, enamorado de la virtud por encima
del placer y de cualquier otra sofisticación. Por
ello, vivía de un modo tanto más odioso para a
quienes viven de acuerdo a las costumbres de la tiranía, hasta que sobrevino la muerte de Dionisio.[4]

## Segundo viaje a Siracusa

Después de esto Dion pensó que quizá este mo-
do de pensar, que había adquirido merced a rectos          c
razonamientos, no sólo existiera en él mismo, y ob-

---

[4] Dionisio I. A partir de aquí con este nombre se refiere a Dionisio II, hijo de Dionisio I y sobrino de Dion. La única excepción es una
mención a Dionisio padre en 332c.

servando se dio cuenta de que se estaba gestando
también en otros (no muchos, pero sí desde luego
en algunos). Pensaba que uno de ellos quizá también pudiera ser Dionisio si colaboraban los dioses,
y si tal cosa sucedía, su propia vida y la de los demás
siracusanos llegaría a ser de una felicidad inimagi-
nable. Y además consideró absolutamente necesario que yo fuera a Siracusa lo más rápido posible
como socio de esta empresa, recordando cómo mi
compañía a su lado le había inducido fácilmente
al deseo de tener la vida más bella y excelente. Y
también entonces, si lo lograba con Dionisio, como había de intentar, tenía grandes esperanzas de
instaurar en todo el país, sin ejecuciones ni muertes
ni males de los que ahora existen, un tipo de vida
feliz y verdadera.

Tras meditar bien este plan, Dion convenció a
Dionisio de que me enviase a buscar, y él mismo
me hizo llegar un mensaje rogándome que fuera
lo antes posible de cualquier manera, antes de que
otros que estaban en contacto con Dionisio lo des-
viaran hacia una vida distinta de la mejor. Y rogaba diciendo (vale la pena alargarme al contarlo):

«¿Pues qué ocasiones más propicias aguardamos
que las que ahora se han presentado por algún divino azar?». Y me describía el poderío de Italia y
Sicilia, su propia influencia en ésta y la juventud de          328a
Dionisio, y me decía cuán vivo era su deseo de filosofía y civilización, y que sus sobrinos y familiares
podían ser muy proclives a la doctrina y tipo de vida que yo siempre proclamaba, y muy capaces de
atraer consigo a Dionisio, de modo que nunca como ahora se podría cumplir por entero la esperanza de que filósofos y mandatarios de las grandes
ciudades coincidieran en ser los mismos.                        b

En suma, éstas y muchas otras de tal índole eran
sus exhortaciones. En cuanto a mi parecer, por un
lado me dominaba el temor de qué podría suce-
der con los jóvenes, pues sus deseos son fugaces
y a menudo contradictorios consigo mismos; pero, por otro, sabía que el carácter de Dion era sóli-
do por la naturaleza de su alma y por tener ya una
cierta edad. Por ello, reflexionando y preguntán-
dome si debía marchar y hacerle caso o cómo actuar, acabé inclinándome por que sí: si alguna vez
alguien iba a tratar de llevar a cabo lo teorizado so-          c

bre las leyes y la ciudad, era ahora cuando había que intentarlo, pues convencer a uno solo me bastaría para lograr todo tipo de beneficios.

Así que a partir de esta resolución meditada (y no de la que algunos pensaban), salí de mi hogar, sobre todo por amor propio, no fuera a autopercibirme algún día como uno que sólo es pura teoría sin práctica, sin querer emprender nunca ninguna acción, y porque me avergonzaba arriesgarme a traicionar, más que nada, la hospitalidad y lealtad de Dion en un momento en que realmente corría peligros no menores. En efecto, si éste llegara a sufrir algún mal, o derribado por Dionisio y sus otros enemigos viniera a mí huyendo y me interpelase diciendo:

—Platón, vengo a ti fugitivo, no necesitado de soldados ni carente de caballeros para defenderme de mis enemigos, sino de razones y persuasión, con la que yo sabía que sobre todo tú puedes convertir a los hombres jóvenes hacia lo bueno y lo justo, y llevarlos en cada ocasión a la amistad y la lealtad entre sí. Por carecer de estas cosas, en parte por tu culpa, vengo ahora yo aquí tras dejar Siracusa. Y mi reproche hacia ti tiene poca importancia, pero Filosofía, que siempre elogias y dices que se valora con poca estima entre los demás hombres, ¿es que ahora no ha quedado traicionada junto conmigo en la parte que te toca? Y si por caso residiera en Mégara, por supuesto vendrías a ayudarme en lo que te pidiese, o te tendrías a ti mismo por el más mezquino de todos: pero ahora que alegas lo largo del viaje y la magnitud de la navegación y del esfuerzo, piensa, ¿escaparás en su momento de la reputación de vileza? ¡Mucho te va a hacer falta!

Si hubiera dicho esto, ¿qué respuesta adecuada tendría yo que oponer? No la hay. Así que me puse en marcha, conforme a razón y en justicia, en el más alto grado en que le es posible a un hombre, y dejé por ello mis ocupaciones, que no eran desdeñables, para ir bajo una tiranía que parecía no corresponder a mis ideas ni a mí. Y al ir quedé liberado de obligaciones ante Zeus Hospitalario e irreprochable en mi dimensión de filósofo, que habría quedado desairada si, presa de la debilidad y de la cobardía, me hubiera granjeado una vergüenza deplorable.

Pero al llegar —no hace falta que me alargue— encontré que en torno a Dionisio todo estaba lleno de discordia y calumnias sobre Dion respecto a la tiranía. Yo le defendía en cuanto me era posible, pero de poco era capaz, y apenas al cuarto mes Dionisio acusó a Dion de conspirar contra la tiranía, y tras meterlo en un pequeño barco, lo expulsó indignamente. Claro, tras esto todos los amigos de Dion nos temíamos que, acusando a alguno, lo castigaría como cómplice de la conspiración de Dion. Y sobre mí incluso corrió un cierto rumor en Siracusa, según el cual habría muerto víctima de Dionisio como culpable de todos los sucesos del momento.

Éste, percibiendo que todos nosotros estábamos en tal disposición, temeroso de que estos recelos desencadenaran algo más grave, nos trataba a todos con benevolencia, y especialmente a mí me alentaba y animaba a tener confianza y me rogaba que me quedase en cualquier caso. Pues para él que yo escapase de su lado no figuraba nada bien, pero sí que me quedase. Por eso sobreactuaba en rogármelo incluso en exceso: pues sabemos que los ruegos de los

tiranos están mezclados con coacciones. Y desde
luego se las ingenió para impedirme zarpar llevándome a la acrópolis e instalándome en un lugar del
que ningún capitán de barco me habría sacado, no
porque lo prohibiera Dionisio, sino porque, a no
ser que él mismo no mandase a un enviado con orden de buscarme, ni comerciante ni oficial alguno
en las salidas del territorio me habría visto marchar
solo sin haberme detenido inmediatamente y conducido de nuevo a Dionisio; tanto más cuando ya
se había propalado justo lo contrario a lo que acabo
de explicar, a saber, que Dionisio apreciaba sobremanera a Platón.

Y ¿cómo iba esto realmente? Pues hay que decir la verdad. Conforme avanzaba el tiempo me estimaba cada vez más, según tomaba contacto con
mi modo de ser y carácter, pero quería que lo alabase más que a Dion y lo considerase con diferencia más amigo que a éste, y se empeñaba con denuedo en tal cosa. Sin embargo, dudaba en aquello
en que, si esto llegaba a ocurrir, hubiera ocurrido
del mejor modo, a saber, en aprender y escuchar los
principios que hay en la filosofía familiarizándose

con ellos y estando junto a mí. Y es que temía los rumores de los calumniadores, no fuera a verse entrampado de algún modo y Dion entonces consiguiera todos sus objetivos. Y yo lo soportaba todo, guardando el propósito original con el que había venido, por si éste llegaba de algún modo al deseo de la vida filosófica. Pero él, tirando hacia el lado contrario, acabó por vencer.

c   Y la primera fase de mi estancia y trabajos en Sicilia acabó transcurriendo a través de todas estas circunstancias.[5] Y después me marché y de nuevo volví porque Dionisio envió a buscarme con el máximo empeño. Y la razón de estas cosas y cuantas hice, y por qué eran convenientes y justas, os lo explicaré luego, tras aconsejaros antes lo que hay que hacer respecto a los sucesos actuales; en atención a quienes preguntan qué pretendía cuando fui, lo contaré después, para no caer en contar los hechos secundarios como principales.

---

[5] En la *Carta VII*, el primer viaje de veinte años antes no se toma en cuenta a la hora de hablar del «primer» y «segundo» viaje, correspondientes a lo que aquí computamos como segundo y tercero respectivamente.

## Consejos políticos

Pues bien, lo que digo yo es lo siguiente. Quien
aconseja a un hombre enfermo que sigue un régimen nocivo para su salud, debe antes de nada cam-          d
biarle el tipo de vida, y si está dispuesto a hacerle
caso, luego le ha de recomendar lo demás; pero si
el paciente no está dispuesto, lo consideraría un
médico con hombría si rehúsa prestar tal consejo;
mas al contrario, si se somete a ello, lo tendría por
poco viril e inexperto. Pues bien, lo mismo también en una ciudad, ya sea uno su señor o muchos.
Si en un gobierno que marcha como es debido por
la recta vía, se somete a consulta un asunto útil, es          e
propio de quien tiene inteligencia prestar consejo
en tales cosas. En cambio, quienes andan completamente desviados del gobierno recto y no están
dispuestos en absoluto a ir por esta senda, y gri-
tan al consejero que deje en paz al gobierno y no          331a
se mueva, porque puede acabar muerto si lo hace,
éstos ordenarían que se les aconseje, al servicio de
sus deseos y caprichos, sobre el modo en que los
podrían satisfacer para siempre más fácil y rápida-
mente: al que se sometiese a prestar tales consejos

lo consideraría poco viril, y a quien no lo hiciera, un hombre.

Claro, al pensar yo de este modo, cuando alguien me pide consejo acerca de alguna de las cosas más importantes sobre su vida, como sobre la adquisición de bienes o sobre el cuidado del cuerpo o del alma, si me parece que a diario vive de un buen modo, o que, tras aconsejarle, va a querer hacer caso a lo que le comunique, de buen grado le aconsejo y no me limito sólo a cumplir lo debido. Pero si no soy consultado en absoluto o, consultado, me resulta obvio que no va a hacer caso alguno, no voy por voluntad propia a aconsejar a un tipo tal, ni a obligarle aunque fuera mi hijo. A un esclavo le podría aconsejar y aun si no quiere le podría obligar; pero no considero que sea lícito a un padre o a una madre forzarles, salvo a quienes sufran la enfermedad de la demencia. Y si viven una vida instituida, que a ellos les place, aunque a mí no, no creo que haya que hacerse odioso regañándoles en vano ni tampoco, por supuesto, ponerse a su servicio adulándoles, satisfaciendo el cumplimiento de deseos de acuerdo con los cuales yo mismo no querría vivir.

Pues bien, el hombre sensato debe vivir mante-
niendo el mismo modo de pensar también sobre la
ciudad: debe hablar, en caso de que le parezca que      d
no se está gobernando bien, si es que no va a hablar
en vano ni a morir por hablar; pero no debe pro-
mover violencia contra la patria para un cambio de
régimen, cuando no sea posible instaurar el mejor
gobierno sin exilio ni ejecución de hombres, sino
que, retirándose a una vida tranquila, debe elevar
preces por su propio bien y el de la ciudad.

Siguiendo este criterio os aconsejaría yo, y junto a
Dion aconsejé también a Dionisio: en primer lugar,
vivir a diario de modo que vaya a conseguir ser dueño de sí mismo en el mayor grado posible, y gran-      e
jearse amigos y compañeros fieles, para que no sufriera lo que sufrió su padre, quien tras apoderarse
de muchas y grandes ciudades de Sicilia que estaban
arrasadas por los bárbaros y repoblarlas, no fue capaz de instaurar en cada una de ellas gobiernos fiables de hombres que fueran partidarios suyos, ni ex-
tranjeros de donde fuera ni sus propios hermanos, a      332a
quienes él mismo había criado cuando eran más jóvenes y había convertido de particulares en manda-

tarios y de pobres en extraordinariamente ricos. De estos no fue capaz de hacer a ninguno colaborador de su poder, aunque lo intentase con la persuasión, la instrucción, el beneficio y el parentesco. Era siete veces inferior a Darío, que no se fio de sus hermanos ni de los criados por él, y sólo de quienes le acompañaron a vencer al eunuco medo;[6] dividió la tierra en siete partes, cada una mayor que toda Sicilia, y echó mano de sus compañeros fieles, que no le atacaban a él ni se atacaban entre sí, y dio ejemplo de cómo debe ser el buen legislador y rey: pues promulgando leyes ha conservado incluso hasta hoy el imperio de los persas. Y más aún, los atenienses, que no habían repoblado ellos mismos muchas ciudades de los griegos devastadas por los bárbaros sino que las habían conquistado habitadas, sin embargo conservaron el poder durante setenta años por haberse granjeado aliados en cada ciudad. En cambio Dionisio, que unificó toda Sicilia bajo una sola ciudad, al no fiarse de nadie según su criterio, apenas pudo mante-

---

[6] Platón evoca el episodio contado por Heródoto (3.70-79): Darío se alió con seis nobles persas para derrocar al mago Gaumata, que usurpaba la personalidad de otro de los hijos de Ciro, Esmerdis.

nerse a salvo:[7] pues carecía de hombres aliados y fiables, y no hay signo mayor para indicar la virtud y la iniquidad que estar privado o no de tales hombres.

Pues bien, también a Dionisio estas cosas le aconsejábamos Dion y yo, puesto que por parte de su padre lo que le llegaba era carencia de educación y de trato con compañías convenientes: ante todo, que haciendo frente a esta situación, consiguiera otros amigos propios de entre sus familiares y coetáneos y que estuvieran en sintonía respecto a la virtud; y sobre todo, que lo estuviera él consigo mismo, pues esto le faltaba notablemente. Se lo decíamos no así de claro, pues no era seguro, sino indirectamente y abriendo paso con razonamientos a la noción de que así se preservará todo hombre a sí mismo y a aquéllos a los que comande, pero si no se comporta así provocará todo lo contrario. Conduciéndose como decíamos, además de hacerse a sí mismo sensato y prudente, si repoblaba las

d

e

---

[7] Dionisio I (padre de Dionisio II), fue derrotado por los cartagineses en Cronio (379 a. C.) y se vio obligado a pagarles tributo, en contraste con la preponderancia siracusana anterior desde la victoria del tirano Gelón en Hímera (480 a. C.), evocada en el párrafo siguiente.

ciudades abandonadas de Sicilia y las unía con leyes y constituciones, de modo que fueran aliadas
suyas y entre sí para ayudarse frente a los bárbaros,
no sólo duplicaría el poder de su padre, sino que
realmente lo multiplicaría: pues sería capaz, si sucedían estas cosas, de dominar a los cartagineses con
mucha más fuerza que cuando estuvieron sometidos en tiempo de Gelón, y no como ahora cuando,
por el contrario, su padre se vio obligado a pagar un
tributo a los bárbaros.

Esto era lo que le decíamos y recomendábamos
nosotros, los supuestos conspiradores contra Dionisio, según rumores de esta índole difundidos por
doquier; rumores que, una vez que acabaron de dominar también el entorno de Dionisio, expulsaron
a Dion y a nosotros nos sumieron en el terror.

Y para cerrar con brevedad unos sucesos nada
breves: tras venir desde el Peloponeso y Atenas,
Dion aleccionó a Dionisio por la vía de los hechos.
Y cuando les liberó y les entregó la ciudad por segunda vez,[8] a los siracusanos les sucedió respecto a

---

[8]  Se refiere a la toma en dos tiempos de Siracusa por Dion en el
año 357, aprovechando una ausencia de Dionisio II. En esta expedición,

Dion lo mismo que le había sucedido a Dionisio, cuando Dion intentaba, tras educarle y criarle como rey digno del poder, establecer una alianza con él de por vida; Dionisio, sin embargo, se alió con los calumniadores que decían que Dion hacía cuanto hacía entonces porque aspiraba a la tiranía, a fin de que Dionisio, hechizado en su mente por tanta educación, se despreocupara del poder delegándolo en Dion, y así éste pudiera usurparlo y derrocar a Dionisio del poder a traición. Estos argumentos se impusieron entonces en Siracusa también por segunda vez, y prevalecieron de un modo extraño y vergonzante para los responsables de la victoria.

    Lo que pasó, pues, deben oírlo quienes me convocan en relación a los sucesos actuales. Llegué yo, un ateniense, compañero de Dion, aliado suyo, ante el tirano, para conseguir amistad en vez de guerra, pero enfrentándome a los calumniadores fui vencido. Y aunque Dionisio me trataba de persua-

---

largo tiempo preparada, Platón rehusó participar, según cuenta al final de la carta. Sin embargo, Dion no consiguió estabilizar la ciudad, nido de intrigas y enfrentamientos, y acabó siendo asesinado por el ateniense Calipo en 354, según cuentan Plutarco y Nepote. Es a este Calipo a quien, sin nombrarle, ataca Platón en los párrafos siguientes.

dir con honores y riquezas de que yo estuviera de su lado como testigo favorable en cuanto a su honestidad en la expulsión de Dion, fracasó totalmente en este intento. Sin embargo, después, al volver a su patria, Dion se lleva de Atenas a dos hermanos, cuya amistad con él no venía de la filosofía, sino del compañerismo corriente de la mayoría de los amigos, el que crean al agasajarse, al iniciarse en los misterios y al llegar en ellos al grado de la contemplación.[9] También estos dos amigos que regresaron con él se hicieron camaradas suyos por estas cosas y por ser parte de la tripulación en la ruta de regreso. Y tras llegar a Sicilia, cuando se apercibieron de que los sicilianos liberados por el propio Dion lo calumniaban diciendo que conspiraba para ser tirano, no sólo traicionaron a su compañero y huésped, sino que podría decirse que lo asesinaron por su propia mano, porque estaban junto a los asesinos como ayudantes empuñando armas ellos mismos.

Y lo vergonzoso e impío yo, desde luego, ni lo silencio ni hablo de ello (pues muchos otros se ocu-

---

[9] La *epopteia* es el máximo grado de iniciación en los misterios eleusinos y participar en ella conjuntamente crea una cierta solidaridad mutua.

pan de celebrar esto y se ocuparán en el futuro),      b
pero rechazo lo que se dice sobre los atenienses, a
saber, que estos han cubierto de oprobio a la ciudad. Pues digo que también era ateniense aquél que
no traicionó a esta misma persona, aun pudiendo
obtener riquezas y muchos otros honores. Pues no
se había hecho amigo a través de una amistad de
baja estofa, sino a través de una comunidad de educación libre, que es la única afinidad en que debe
confiar el que tiene inteligencia, más que en la de
almas y cuerpos. De modo que los dos que mataron      c
a Dion no han sido causa digna de ignominia para
la ciudad, en tanto que nunca fueron hombres re-
putados ninguno de los dos.

Todo esto se ha relatado a cuenta de aconsejar a
los amigos y familiares de Dion. Y además compar-
to el mismo consejo y repito el mismo argumento
ya por tercera vez a vosotros, terceros en recibirlo:
mi propuesta es que ni Sicilia ni ninguna otra ciudad viva sometida a señores humanos, sino a las leyes. Pues lo primero no es mejor ni para los que so-
meten ni para los sometidos, ni para ellos ni para      d
sus hijos ni para los descendientes de sus hijos, sino

que el intento es absolutamente destructivo. Pero los caracteres pequeños y serviles gustan de arrancar ganancias de este jaez, sin conocer nada de lo que, ni con vistas al futuro ni a la ocasión presente, es bueno y justo en lo humano y divino.

De esto intenté yo persuadir primero a Dion, después a Dionisio, y ahora a vosotros en tercer lugar. Hacedme caso por gracia de Zeus Salvador, el tercero,[10] y después echando una mirada a Dionisio y Dion, de los cuales el uno no me hizo caso y ahora vive con bajeza, y el otro sí y ha muerto con belleza. Pues sufrir lo que se haya de sufrir por desear las más bellas cosas para uno mismo y la ciudad es totalmente recto y bello.

Ninguno de nosotros ha nacido inmortal ni, si a alguno le ocurriera, sería feliz como cree la mayoría. Pues no hay nada digno de llamarse bueno y malo para los seres sin alma, sino que esto le ha de incumbir a cada alma, bien esté unida al cuer-

---

[10]  Zeus Sōtēr (Salvador) era invocado en tercer lugar en las libaciones posteriores al banquete, tras los dioses olímpicos y los héroes, antes de entonar un peán. Platón, aquí, en 336c y en 340a, juega con el número tres y con el voto por salir sano y salvo de la peligrosa situación, de un modo similar a Esquilo, *Euménides*, 758ss.

po, bien separada de él. Y en verdad hay que creer siempre a los antiguos relatos sagrados que nos revelan que el alma es inmortal, que tiene jueces sobre sí, y que paga los más grandes castigos cuando una se separa del cuerpo.[11] Por eso también hay que considerar que es un mal más leve sufrir grandes delitos e injusticias que cometerlos. Esto no lo escucha el avaricioso pobre de espíritu, y si lo escucha, tomándolo a broma, según cree, se apodera desvergonzadamente por doquier de todo lo que, como un animalillo, piense necesitar para comer, beber o hartarse del placer servil y falto de gracia que incorrectamente llaman de Afrodita; pues está ciego y no ve lo que conlleva la impiedad de sus actos (el mal que siempre corresponde a cada injusticia), impiedad que por fuerza se adhiere al que comete injusticia mientras deambula sobre la tierra y, cuando vuelve bajo tierra, le marca una ruta que de cualquier modo y manera es deshonrosa y lastimera.

b

c

---

[11] Los *hieroi logoi* mencionados aquí se suelen identificar con poemas órficos de especulación escatológica que inspiran a Platón en los mitos sobre el alma de *Fedón*, *Gorgias* y *República*.

Así que a Dion lo persuadí yo diciéndole estas cosas y otras tales, y contra quienes lo han matado me enfurecería yo con total justicia, en cierto modo exactamente igual que contra Dionisio. Pues a mí y, por así decirlo, a todos los demás hombres nos dañaron al máximo, los unos cuando abatieron a quien quería emplear la justicia, y el otro cuando no quiso hacer ningún uso de la justicia durante todo su mandato, aun teniendo el máximo poder. En su mandato filosofía y poder realmente existían en la misma persona, y al relucir entre todos los hombres griegos y bárbaros, quizá habría presentado a todos de modo suficiente la opinión verdadera: que nunca podría ser feliz ni la ciudad ni ningún hombre que no conduzca su vida con prudencia y sujeto a la justicia, ya sea porque la posee en sí mismo, ya sea porque se ha criado en costumbres de hombres piadosos y educado en respeto a la justicia.

En esto hizo daño Dionisio, y los demás daños serían para mí pequeños frente a esto. Y el que mató a Dion no sabe que ha logrado lo mismo que éste. Pues yo sé bien claro que Dion, en lo que pueda un hombre afirmar algo sobre otros, si se hubiera hecho con el poder, no habría dirigido nunca el aparato del poder a nada más que a lo siguiente: primero, a Siracusa, su patria querida, puesto que tras derogar la servidumbre, le devolvió su esplendor y la instituyó en un régimen de libertad; y después de esto con todo su ingenio habría ordenado a los ciudadanos con leyes, las más adecuadas y mejores, y se habría dispuesto a hacer lo que toca a continuación de estas cosas, a saber, repoblar toda Sicilia y dejarla libre de bárbaros, expulsando a unos y sometiendo a otros más fácilmente que Hierón.[12] Y siendo esto a su vez obra de un hombre justo y valiente, sensato y filósofo, la mayoría tendría la misma opinión sobre la virtud que, si Dionisio se hubiera dejado convencer, se habría preservado entre todos los hombres, por así decirlo.

Pero lo cierto es que algún genio o espíritu maligno los precipitó en la falta de respeto a la ley y a los dioses, y lo más grave, en la osadía de la igno-

---

[12] Hierón, tirano de Siracusa entre 478 y 467, cuyas victorias en los Juegos Olímpicos cantó Píndaro, simboliza, junto con su hermano Gelón mencionado en 333a en el mismo tono, la nostalgia por la grandeza de una Siracusa preponderante en toda Sicilia frente a la actual pujanza cartaginesa.

rancia, a partir de la cual todos los males del mundo se enraízan y brotan, y al final da el más amargo fruto a quienes la sembraron; la misma que derrocó y destruyó todo por segunda vez. Así que ahora guardemos silencio a cuenta del presagio en lo que respecta a la tercera.

Pero en cualquier caso os aconsejo a vosotros, sus amigos, que imitéis a Dion en su devoción a la patria y en su régimen de vida sensato, y que con augurios más favorables intentéis cumplir sus propósitos —cuáles eran me lo habéis oído claramente—; y al que de vosotros no pueda vivir a la doria según las tradiciones patrias y persiga el tipo de vida siciliano propio de los asesinos de Dion, no lo convoquéis ni creáis que alguna vez ha de hacer algo fiable y limpio;[13] pero a los demás, tanto desde la propia Sicilia como del Peloponeso entero, convocadlos para la repoblación por toda Sicilia y para

---

[13] El modo de vida prototípicamente dorio era austero, propio de los lacedemonios y corintios, y como tal encomiado con frecuencia por Platón. Los sicilianos eran de habla doria pero aparecen, como en 326b, como degenerados por su riqueza frente a las virtuosas costumbres originarias del Peloponeso. Es ya un estilo de vida más que un rasgo étnico: también hay atenienses que pueden vivir a la doria.

establecer la igualdad ante la ley, y no temáis a Atenas: pues también allí hay quienes de entre todos los hombres se distinguen en virtud y despre-
cian los excesos de la gente asesina de sus huéspedes.

Ahora bien, si esto hubiera de acaecer al final,
pero os urgen las muchas disensiones de todo tipo
que nacen cada día de las discordias civiles, cualquier hombre a quien un azar divino le haya conce-
dido aun una pequeña parte de opinión recta debe
ser consciente de lo siguiente: que para quienes viven en discordia civil no hay descanso de las desgracias hasta que los que han prevalecido no cesen de
vengarse con hostilidades, destierros de individuos
y ejecuciones, abandonen el castigo de sus enemigos y, dominándose a sí mismos, establezcan leyes
comunes que en nada se inclinen más a su propio
beneficio que al de los vencidos, y obliguen a estos a
someterse a dos leyes que son ineludibles, el respeto
y el temor: un temor producido porque son superiores a ellos, como demuestran con la fuerza, y un
respeto que a su vez viene de parecer superiores en
lo que a los placeres respecta, y en ser más proclives y capaces de servir a las leyes. De otro modo no

b es posible que acabe nunca con sus males la ciudad que vive en discordia interna, sino que las ciudades así dispuestas contra sí mismas siempre tienden a tener disputas, enemistades, odios y desconfianzas.

Los que ya han vencido, cuando lo que quieran sea preservar su poder, siempre deben discernir entre ellos a aquellos varones de entre los griegos a quienes tengan por los mejores, en primer lugar ancianos, y quienes tienen en casa hijos y esposas, y cuantos más antepasados nobles y renombrados c posibles, y todos con patrimonio suficiente: son bastantes cincuenta de estos en número para una ciudad de unos diez mil hombres. Luego, a éstos hay que hacerles venir de sus casas con ruegos y con los más altos honores, y una vez que han sido traídos, pedirles y alentarles a que juren establecer leyes, de modo que no les corresponda más a los vencedores ni a los vencidos, sino que para toda la ciudad sea lo mismo en común. En el momento en que las leyes estén establecidas de este modo, en verdad todo está conseguido. Pues basta que los d vencedores se muestren sometidos a las leyes más que los vencidos, y todo estará lleno de seguridad

y felicidad y habrá salida de todos los males. Pero
si no, ni a mí ni a ningún otro compañero se nos
ha de convocar ante quien no hace caso de lo que
ahora se manda. Pues estas medidas son hermanas
de las que Dion y yo tratamos de implantar entre
ambos en Siracusa por buena voluntad —en un segundo momento, desde luego; anteriores fueron
las que al principio traté de implantar con el propio Dionisio como beneficios comunes para todos,
pero algún azar más fuerte que los hombres lo impidió—. Ahora vosotros intentad con mejor suer-            e
te hacer esto mismo, con buena estrella y un cierto
azar divino.

## Tercer viaje a Siracusa

Queden con esto manifestados mi consejo, mi
mensaje y mi anterior llegada junto a Dionisio. En
cuanto al siguiente viaje y navegación, para quien
quiera escuchar cómo llegó a ser razonable y ade-
cuado, está lo que viene a continuación. Pues la primera etapa de mi estancia en Sicilia se acabó, co-            338a
mo he dicho, antes de aconsejar a los parientes y
compañeros de Dion. Y después de aquellos suce-

sos persuadí en la medida en que pude a Dionisio
de liberarme, y nos pusimos de acuerdo ambos para
cuando hubiera paz (pues entonces había guerra en
Sicilia). Dionisio decía que nos llamaría de nuevo a
Dion y a mí tras establecer de modo más firme las
bases de su propio poder, y a Dion le rogaba que
considerase que no sufría entonces un exilio, sino
una mudanza: y yo estuve de acuerdo en que regre-
saría sobre estas premisas.

Llegada la paz, me mandaba llamar, pero a Dion
le pedía que esperase aún un año, mientras a mí me
rogaba que acudiese de cualquier modo. Y el caso es
que Dion me exhortaba y me imploraba que zarpa-
se: pues lo cierto es que llegaba un insistente rumor
desde Sicilia según el cual Dionisio habría vuelto
a estar tremendamente interesado por la filosofía.
Por ello Dion porfiaba en su ruego de que no des-
oyera la invitación. Y yo sabía que a los jóvenes les
ocurren muchas cosas por el estilo en cuanto a la
filosofía, pero aun así me pareció más seguro des-
atender la invitación, al menos en ese momento, y
no hacer caso alguno ni a Dion ni a Dionisio, y me
gané la hostilidad de ambos cuando alegué que era

anciano y que nada de lo que ahora se hacía corres-
pondía a lo pactado.

Según parece, tras esto Arquitas llegó a la corte
de Dionisio.[14] Pues yo había zarpado tras establecer, antes de partir, una relación de hospitalidad y
amistad entre Arquitas y los tarentinos y Dionisio.           d
Había en Siracusa algunos que habían escuchado a
Dion ciertas cosas y otros a su vez a éstos, imbuidos
de algunas nociones filosóficas de oídas. Me parece
que éstos intentaron dialogar con Dionisio sobre
tales temas, pensando que Dionisio había aprendido cuanto yo pensaba. Y éste tiene tanta capacidad natural de aprender como un increíble orgullo:
por tanto, le agradaban estos rumores en igual medida que se avergonzaba de que quedase manifiesto que no había aprendido nada cuando yo estuve        e
allí. Por ello llegó a tener deseo de escucharme más
claramente al mismo tiempo que el orgullo le apre-
miaba (y por qué no me escuchó en mi anterior

---

[14] Arquitas fue un filósofo pitagórico, matemático, y estratego de la
ciudad de Tarento, por quien Platón demuestra clara admiración como
ejemplo de filósofo gobernante. Véase G. E. R. Lloyd, «Plato and Ar-
chytas in the Seventh Letter», *Phronesis* 35.1 (1990): pp. 159-174.

estancia, lo he explicado en las razones que acabo
de exponer). Así que cuando regresé sano y salvo a
casa y rechacé su segunda llamada, como acabo de
decir, me parece que Dionisio temió grandemente
por su reputación, no fuera que algunos llegaran
a pensar que yo lo despreciaba, tras haber conoci-
do de cerca su naturaleza, su condición y el tipo de
vida que llevaba, y que no quería volver junto a él
por no soportarlo.

Sé que es justo que diga la verdad y me aguante,
si alguno tras oír lo acontecido desprecia mi filosofía y considera que el tirano tiene razón. El caso es que esta tercera vez Dionisio mandó un tri-
rreme a buscarme para facilitar el viaje, y envió a
quien pensaba que yo tenía más respeto en Sicilia,
Arquedemo, uno de los acólitos de Arquitas, y a
otros conocidos míos de Sicilia. Todos ellos me
transmitían el mismo mensaje, que era asombro-
so cuánto estaba progresando en filosofía Dionisio. Y me envió una carta muy larga, conocedor de
mi posición respecto a Dion y a su vez del deseo
de Dion de que me embarcase y fuera a Siracusa.
Pues claramente la carta estaba preparada para es-

tas cosas, con un principio en el que decía algo así:
«Dionisio a Platón»; y tras decir lo acostumbra-
do a continuación, decía luego directamente: «si
me haces caso y vienes a mi corte en Sicilia ahora,
en primer lugar lo que concierne a Dion resulta-
rá exactamente como tú quieras (y querrás, lo sé,
algo mesurado, y yo concordaré), pero si no, nada
de lo que concierne a Dion saldrá como tienes en
mente, ni respecto a su persona ni respecto a lo
demás». Esto lo dijo así, y el resto sería largo e in-
oportuno de relatar.

Y otras cartas iban llegando de parte de Arquitas y los tarentinos, que encomiaban la disposición
filosófica de Dionisio, y decían que, si no iba en ese
momento, la amistad que ellos habían trabado con
Dionisio a través de mí, y que no era baladí para
los asuntos públicos, se iba a erosionar con total
seguridad. En suma, así fue la invitación en aquel
momento, con unos tirando desde Sicilia e Italia,
y otros como empujándome desde Atenas simple-
mente con ruegos, y una y otra vez me llegaba el
mismo mensaje, que no podía traicionar a Dion ni
a los viejos amigos y compañeros tarentinos.

Y yo mismo me decía que nada extraño había en que un hombre joven que escuchase hablar de temas valiosos aprendiera bien a encaminarse hacia el amor de la vida más excelente; así que tenía que examinar con claridad si esto podría llegar a ser así, y no debía de ningún modo traicionar esta causa ni ser culpable de un reproche que en verdad sería tanto más grande, si lo que se decía era real. Así que me pongo en camino envuelto en este razonamiento —con muchos temores y sin muy buenos augurios, por lo que se veía—. Y cuando llegué por tercera vez, esto sí que lo hice realmente en honor del Salvador:[15] pues me salvé de nuevo con fortuna, y al menos por esto sí debo reconocer gratitud a Dionisio, junto a la divinidad, porque aunque muchos querían matarme, lo impidió y tuvo en cierta medida respeto a mis intereses.

340a

b

---

[15] El juego con el *triton Sōtēr* repite alusiones anteriores (cf. nota 10). Reconocer gratitud a Dionisio «junto a la divinidad» (*meta theōn*) por esa salvación es un modo formal de expresión por el que al mencionar un salvador humano se da espacio a la invisible acción divina (p. e., Heródoto 7.139.5, que reconoce a los atenienses haber salvado a Atenas de los persas *meta ge theous*).

Cuando llegué, creí que ante todo tenía que examinar si realmente Dionisio estaba inflamado por
la filosofía como por un fuego, o si tan insistente rumor había llegado en vano a Atenas. Existe un modo de obtener prueba de asuntos tales, no innoble,
sino realmente apropiado para tratar con tiranos,
especialmente a los inmersos en nociones engaño-
sas, un mal que ya según llegué noté que Dionisio
sufría, y mucho. Hay que mostrar a tales personas
qué es toda esta empresa y cómo es, a través de qué c
acciones se realiza y cuánto esfuerzo requiere. Pues
el que lo escucha, si realmente es filósofo, y al ser
divino le es familiar la empresa y es digno de ella,
considera que ha aprendido una senda asombrosa y
que hay que concentrarse al punto en ella y que no
hay vida si actúa de otro modo. Tras lo cual, concen-
trándose él mismo y concentrando a quien le guía
por la senda, no ceja hasta que consigue su objetivo
en todo o hasta que consigue la capacidad de poder
guiarse a sí mismo sin el que se la ha enseñado. Pen- d
sando así y según estos criterios vive una persona de
esta índole, actuando, sí, en cualquier empresa en la
que tenga que actuar, pero siempre y en todo suje-

tándose a la filosofía y al estilo de vida cotidiana que más le hace aprender, recordar y ser capaz de razonar manteniéndose sobrio, mientras odia en todo momento el tipo de vida contrario a ésta.

Pero los que no son realmente filósofos, sino están teñidos de opiniones, como los que tienen sus cuerpos tostados por los rayos del sol, cuando ven cuánto hay que aprender y cuán grande es el esfuerzo y cómo conviene a esta empresa un estilo de vida mesurado cada día, considerando que es difícil e imposible para ellos, ni siquiera son capaces de ponerlo en práctica, y algunos se autoconvencen de que han aprendido suficiente en general y ya no necesitan nada de empresa alguna. Así que esta prueba es la que es clara y más segura respecto a quienes viven suntuosamente y son incapaces de esforzarse, de modo que nunca se puede echar la culpa al que muestra el camino, sino cada uno a sí mismo, pues no puede poner en práctica todo lo requerido para esta empresa.

## DISCURSO FILOSÓFICO

Así le dije también a Dionisio lo que le dije entonces. Ciertamente ni yo explicaba todo ni Dio-

nisio lo pedía: pues pretendía saber por sí mismo
muchas cosas y las más importantes y tener bastante con las nociones que obtenía de los demás. Y
también he oído que después ha escrito él mismo
acerca de lo que aprendió entonces, componiéndo-
lo como invención propia, para nada de aquéllos de
quienes aprendió. Mas de estos asuntos no sé nada.
Sí sé que algunos otros han escrito sobre estas mismas cosas, pero quienesquiera sean, ni a sí mismos
se conocen. En cualquier caso, sobre todos los que    c
han escrito y escribirán, cuantos dicen saber sobre
lo que yo me empeño, ya sea porque me han oído
a mí, o a otros, o como si lo hubieran descubierto ellos mismos, al menos sí puedo decir una cosa:
no es posible, al menos en mi opinión, que éstos se
enteren de nada del asunto. En efecto, no hay ningún escrito mío sobre esto ni lo habrá jamás. Pues
de ninguna manera es formulable como otras enseñanzas, sino que a partir de que haya mucho trato con el tema mismo y del vivir en su compañía,
como del fuego encendido brota la luz, éste nace    d
de pronto en el alma y se alimenta en adelante a sí
mismo. Aunque al menos hasta aquí sé que escrita

u oralmente yo diría del mejor modo estas cosas, y desde luego sí me apenaría no poco que estuvieran mal escritas. Y si me pareciera que puestas por escrito y formuladas van a ser bastante para la mayoría, ¿qué habríamos hecho más valioso en la vida que escribir un tratado de gran ayuda para los hombres y traer la naturaleza a la luz en favor de todos? Pero no considero que la llamada argumentación sobre estas cosas sea un bien para los hombres, salvo para unos pocos capaces de descubrirla por sí mismos a través de una sencilla demostración, mientras que de los demás, a unos los imbuiría de desprecio incorrecto, de un modo para nada conveniente, y a otros de una altanera y vacía esperanza de haber aprendido algunas solemnidades. Y aún tengo en mente hablar más extensamente sobre esto, pues quizá sobre lo que digo se podría hablar más claro. Pues hay un discurso verdadero, enemigo de quien ose escribir sobre tales cosas, expuesto muchas veces por mí ya antes, y parece que, en fin, también ahora ha de exponerse.[16]

---

[16] El discurso filosófico de la *Carta VII* tiene concomitancias, pero no coincide con lo expuesto en ninguno de los diálogos platónicos,

Para cada uno de los seres hay tres factores a través de los que necesariamente se genera conocimiento, y el cuarto es el propio conocimiento, y en quinto lugar hay que colocar aquello que es desde luego cognoscible y en verdad existente. Primero, el nombre; segundo la definición; tercero la imagen; cuarto el conocimiento.

Ahora, si quieres entender lo que acabo de decir, toma una cosa y medita así sobre todas. Hay algo llamado círculo, que tiene el mismo nombre que acabamos de pronunciar. La definición es lo segundo de esto mismo, compuesta de nombres y predicados: pues lo que es igualmente distante desde los bordes al centro sería la definición de aquello cuyo nombre es redondel, circunferencia y círculo. Y lo tercero es lo pintado y borrado y moldeado y destruido: de esto el círculo mismo, al cual se refieren todas estas cosas, no experimenta nada, en cuanto que es distinto de ellas. Lo cuarto es conocimiento y pensamiento y opinión verdadera sobre estas cosas, y a su vez todo esto hay que tomarlo como un

y por ello es un pilar de la investigación sobre las doctrinas esotéricas de la Academia, aquéllas que se transmitirían por vía oral y no escrita.

solo factor, que está no en las voces ni en las formas
de los cuerpos sino en las almas, por lo que es claro que es algo distinto de la naturaleza del propio
círculo y de los tres otros factores mencionados antes. De estos, el pensamiento se avecina con mayor
proximidad al quinto, por afinidad y semejanza, y
lo demás está más lejos.

Por supuesto, lo mismo ocurre al mismo tiempo
con la figura recta y la curva, y con el color, y con
lo bueno y hermoso y justo, y con todo cuerpo ar-
tificial o producido según la naturaleza, el fuego y
el agua y todo este tipo de cosas, y con todo ser vivo
y con los caracteres que hay en el alma, y con todas
las acciones y emociones. Pues si uno no capta en
un modo u otro los cuatro factores de estas cosas,
nunca será totalmente partícipe de la comprensión
del quinto. Pues además de esto, los cuatro intentan
mostrar la cualidad en cada cosa, no menos que lo
que es cada cosa, a través de la debilidad de las palabras. Por ello, nadie con inteligencia se atreverá
nunca a poner lo que haya pensado en palabras, y
más aún en las inmóviles, pues inmovilidad sufren
las escritas con letras.

Y a su vez, de nuevo hay que comprender esto
que acabo de decir: cada círculo de los pintados o
incluso torneados en la realidad está lleno de lo contrario a lo quinto —pues por todas partes se toca
con lo recto— pero el propio círculo, decimos, no
tiene en sí mismo nada ni menor ni mayor de naturaleza contraria. Y el nombre de las cosas, decimos que ninguna tiene uno permanente, y que no          b
se puede impedir que lo que ahora se llama curvo
quede llamado recto y lo recto a su vez curvo, y que
nada habrá de ser menos permanente para quienes
lo cambien y lo llamen al contrario. También el
mismo razonamiento se aplica respecto a la definición, si es que ésta se compone de nombres y predicados: que nada es firme con suficiente firmeza.

Y hay a su vez mil razonamientos sobre cómo
cada uno de los cuatro factores es poco claro, pero
lo más importante es lo que hemos dicho un poco
antes, que puesto que de las dos cuestiones que hay
—qué es y de qué cualidad es algo— el alma busca conocer no cómo es algo, sino qué es, cada uno         c
de los cuatro factores le propone de palabra y obra
al alma lo no buscado, presentándole siempre cada

cosa dicha y mostrada como refutable por los senti-
dos, y llenan a todos los hombres de incertidumbre
y, por así decirlo, de absoluta oscuridad.

En efecto, por un lado, en aquellas cosas en las
que no estamos acostumbrados a buscar lo verdadero a causa de una mala crianza y nos basta lo que se
nos propone de imágenes, no quedamos en ridícu-
lo unos ante otros, los respondientes ante los que
les preguntan, cuando estos podrían distinguir por
separado los cuatro factores y refutarles. Por otro
lado, en aquellas cosas en que nos vemos forzados
a mostrar y discernir lo quinto, el que quiere refu-
tar de entre quienes pueden hacerlo es quien ven-
ce. Y hace que el que está explicando con discursos
y escritos y diálogos, le parezca a la mayoría de los
que escuchan que no sabe nada de lo que intenta
escribir o hablar, ignorando a veces que no es el alma del que ha escrito o hablado la refutada, sino la
naturaleza de cada uno de los cuatro factores, que
es defectuosa en sí misma.

Y el recorrido por todos ellos, pasando arriba
y abajo por cada uno, genera a duras penas, para
quien está bien formado por naturaleza, conoci-

miento de lo bien formado. Pero si está mal formado por naturaleza, como es el caso de la disposición del alma de la mayoría hacia el aprender y
hacia los llamados rasgos del carácter (y estos están corrompidos), ni Linceo podría hacer ver a tales personas.[17] En una palabra, ni la facilidad para
aprender ni la memoria podrían hacer nunca ver al
que no es afín al tema —pues por principio no sur-
ge en modos de ser que le son ajenos—, de modo
que cuantos no están predispuestos ni son afines a
las cosas justas y a cuantas otras son hermosas, aun
siendo alumnos buenos y memoriosos, ni cuantos
sí son afines pero malos alumnos y sin memoria,
ninguno de éstos jamás aprenderá, en la medida de
lo posible, la verdad de la virtud ni la del mal.

    Pues estas cosas por fuerza se aprenden a la vez
que la verdad y la mentira de la esencia entera, con
trato permanente y mucho tiempo, como dije al
principio. Y en los tratos esforzados con cada uno
de estos factores entre sí (los nombres, las defini-

---

[17] Personaje de la mitología heroica caracterizado por su visión agu-
dísima. La expresión «tener vista de lince» deriva de un refrán anterior «vista de Linceo»: cf. F. García Romero, *Paremia*, 26, 2017, 19-34.

ciones, las imágenes y las percepciones), que los so-
meten a un examen bienintencionado y sin envidia al hacer preguntas y respuestas, se enciende la
reflexión sobre cada cosa y el entendimiento, con-
c    centrado al máximo posible para la fuerza humana.

Por ello es preciso, y mucho, que ningún hombre
serio escriba nunca sobre asuntos que son dignos
de seriedad entre los hombres para arrojarlos a su
envidia e incomprensión.[18] Y en suma, de ello hay
que colegir por lógica, cuando uno ve que los textos de alguien han sido escritos, ya en el caso de las
leyes del legislador, ya en otros casos cualesquiera,
que si éste es un hombre serio no tenía estas cosas
por las más serias, sino que aquéllas se deben de encontrar en su zona más noble; pero si realmente las
materias que considera más serias las hubiera pues-
d    to por escrito, «entonces sí que le han destruido las
mientes»,[19] no los dioses sino los hombres.

---

[18] Esta desconfianza hacia lo escrito recuerda a la del *Fedro* (274a-
276d), y es una base central para distinguir entre obras exotéricas escritas y doctrinas esotéricas de transmisión oral.

[19] Platón juega con una fórmula que los héroes homéricos (*Ilíada*
7 360, 12.234) usan para acusar a otro de un razonamiento absurdo atri-
buyéndolo a enajenación de origen divino.

Pues bien, quien haya seguido este discurso digresivo bien se habrá dado cuenta de que, si Dionisio, u otro mejor o peor que él, escribió algo de las cosas importantes y principales sobre la naturaleza no ha escuchado ni aprendido nada saludable de lo que escribió, según mi teoría. Pues lo habría respetado igual que yo, y no habría osado exponerlo al desorden y la inadecuación. Y tampoco lo escribió como recordatorio —no hay riesgo de que alguno lo olvide si lo acoge una vez en su alma, pues se fundamenta en bases de absoluta brevedad— sino por vergonzante orgullo, si es que lo escribió como si lo hubiera compuesto él, o como si fuera partícipe de una educación de la que no era digno, por deseo de la reputación de participar en ella. Así pues, si Dionisio se hizo con este conocimiento a partir de un solo encuentro, quizá sería suyo, pero cómo lo obtuvo, «Zeus sabrá», que dice el tebano.[20] Pues yo lo expliqué como he dicho y sólo una vez, pero después ya nunca más.

_____

[20] Esta expresión en dialecto beocio se encuentra también en *Fedón* 62a, para indicar una mezcla irónica de escepticismo e ignorancia.

En fin, a quien le importe descubrir lo relativo al caso debe entender lo que viene después, cómo ocurrió en su momento, y por qué causa no volvimos a examinar la cuestión ni una segunda, ni una tercera, ni más veces. O bien Dionisio, tras escucharme solamente una vez, creía saber de este modo y sabía suficiente, ya por haberlo descubierto él o incluso por haberlo aprendido antes de otros, o bien creía que mis enseñanzas eran de mala calidad, o bien, como tercera posibilidad, creía que no eran para él, sino demasiado grandes, y que en verdad no era capaz de vivir preocupándose de la reflexión y la virtud. Pues bien, si eran de mala calidad, se enfrenta a muchos testigos que dicen lo contrario, que sobre tales cosas son jueces mucho más autorizados que Dionisio; y si creía que lo había descubierto o aprendido, y que era valioso para la educación de un alma libre, ¿cómo, salvo que fuera un tipo absurdo, podría afrentar tan gratuitamente a su guía y maestro en estos temas? Pues cómo me afrentó, yo estoy dispuesto a contarlo.

### Desventuras del tercer viaje

Sin haber pasado mucho tiempo tras aquella conversación, en tanto que antes Dionisio dejaba que Dion mantuviera sus posesiones y disfrutase de sus bienes, después ya no permitió que sus administradores le enviaran rentas al Peloponeso, como si se hubiera olvidado por completo de la carta; pues decía que no eran de Dion sino de su hijo, que al ser sobrino suyo estaba legalmente bajo su tutela. Y estos eran los hechos acaecidos hasta entonces en aquel momento, y en tal situación, tenía yo comprobado al detalle el deseo de Dionisio por la filosofía, y había razones para estar irritado, quisiéralo o no.

Entonces ya era verano y partían las naves. El caso es que me parecía que no debía enfadarme con Dionisio más que conmigo mismo y con los que me habían obligado a ir por tercera vez al estrecho junto a Escila, «para volver otra vez a la funesta Caribdis»,[21] y pensé decirle a Dionisio que me era

d

c

---

[21] *Odisea* 12.428. En los intentos de localizar la geografía mítica de la *Odisea*, es popular situar a Escila en Calabria y a Caribdis en Sicilia, a ambos lados del estrecho de Mesina. Al sentido genérico de «estar en-

imposible quedarme cuando Dion se veía deshon-
rado de tal modo. Mas él me exhortaba y me rogaba que me quedase, creyendo que no le venía bien
que yo en persona me marchase tan de inmediato
como emisario de tales acontecimientos. Como no
346a      me convencía dijo que él mismo me prepararía una
comitiva. Pues yo tenía intención de zarpar embar-
cándome en uno de los barcos mercantes, irritado
y pensando que debía afrontar cualquier cosa si se
me impedía, puesto que claramente no estaba co-
metiendo injusticia ninguna, sino padeciéndola.
Dionisio, viendo que para nada estaba dispuesto a
quedarme, urde la siguiente artimaña para que deje pasar esta ocasión de zarpar. Viniendo al día siguiente me dirige una propuesta convincente:

b        —Que Dion —dijo— y las cosas de Dion se nos
quiten de en medio a ti y a mí y nos libren de discu-
tir tan a menudo sobre ello. Pues voy a hacer por ti
—dijo— lo siguiente en favor de Dion: propongo
que éste se lleve sus bienes y resida en el Peloponeso, pero no como exiliado, sino que también le sea

------

tre la espada y la pared» se une la alusión a una Sicilia en la que Platón
se ve atrapado sin escapatoria.

posible venir aquí a vivir, cuando a él y a mí, así como a vosotros sus amigos, nos parezca bien a todos en común; y esto ha de ser si no conspira contra mí, y seréis garantes de ello tú y tus compañeros y los que tiene aquí Dion; y que éste os proporcione su garantía. Los bienes que tome queden depositados en el Peloponeso y en Atenas en manos de quienes os parezca, y que Dion los disfrute, pero no sea dueño de llevárselos sin vuestro permiso. Pues yo no me fío excesivamente de que él sea justo conmigo en el uso de estos bienes (pues no son pocos), pero tengo mayor confianza en ti y los tuyos. Mira si esta propuesta te agrada, y quédate este año bajo estas premisas, y cuando llegue el plazo márchate llevándote esos bienes. Y sé bien que Dion te guardará enorme agradecimiento por hacer esto en su favor.

Desde luego, yo al escuchar esta propuesta me sentía incómodo, pero aun así le dije que tras pensármelo, al día siguiente le anunciaría lo que resolviera sobre el tema. Esto acordamos entonces. A continuación, ya a solas, reflexionaba para mí mismo, confundidísimo. La primera idea que me guiaba el pensamiento era ésta:

«A ver, asumamos que Dionisio no tiene intención de hacer nada de lo que dice, pero cuando yo
me marche, quizá le escribe a Dion de modo persuasivo él mismo y manda escribir a otros muchos
de los suyos, contándole lo que ahora me propone,
y diciendo que yo no he querido hacer lo que me recomendaba, pese a que él sí quiere, sino que me he
inhibido completamente de los asuntos de Dion; y
también aún, además de esto, supongamos que no
quiere dejarme partir, y sin ordenarlo él mismo
a ninguno de los navieros, deja meridianamente
claro a todos que no desea que yo zarpe, ¿acaso alguno querrá llevarme como pasajero sacándome de
la casa de Dionisio? —pues, entre otras desgracias,
vivía en el jardín que rodea su casa, de donde ni el
portero consentiría que yo saliera si no se le enviaba
una orden de parte de Dionisio—. Pero si espero un
año, podré escribirle a Dion en qué circunstancias
me vuelvo a encontrar y qué estoy haciendo. Y por
supuesto, si Dionisio hace algo de lo que dice, mi actuación no habrá sido del todo ridícula —pues la hacienda de Dion quizá no es menos de cien talentos, si
uno la valora correctamente—; y en suma, si lo que

ahora se cierne acaece como es probable que acaez-
ca, no sé qué haré de mí, pero en cualquier caso debo de igual modo empeñarme aún un año y tratar
de denunciar con hechos las intrigas de Dionisio».

Este parecer mío se lo dije al día siguiente a Dionisio:                                                          c

—He decidido quedarme: ahora bien, te exijo
que no me consideres apoderado de Dion, sino que
le enviemos juntos a éste un escrito que explique lo
ahora decidido, y que le preguntemos si le satisfacen
estos acuerdos, y si no, y quiere y reclama cualquier
otra cosa, también esto lo envíe por carta lo antes
posible, y tú no cambies nada en lo que a él se refiere.

Esto se dijo, esto acordamos, más o menos como acabo de relatar. Pues bien, a continuación zar-
paron los barcos, y ya no me era posible hacerme
a la mar, cuando precisamente entonces Dionisio          d
se acordó de decirme que la mitad de la hacienda debía ser de Dion y la mitad de su hijo. Decía
que la iba a poner a la venta, y que una vez vendi-
da, me habría de dar la mitad para llevármela, y la
mitad se habría de dejar allí para el hijo, pues, por
supuesto, así era lo más justo. Conmocionado yo

por lo dicho, consideraba que era bastante ridícu-
lo continuar respondiendo, pero sin embargo dije
que había que esperar la carta de Dion y de nuevo
escribirle estas modificaciones. Y él a continuación
c  puso a la venta con gran presteza toda la hacienda
de Dion, del modo y manera que quiso y a quienes
quiso; a mí no se me comunicaba absolutamente
nada de estas cosas, y en cualquier caso lo cierto es
que yo ya no hablaba nada más con él sobre Dion,
pues no creía ya poder hacer nada más.

En fin, hasta entonces filosofía y amigos me habían tenido dedicado a ayudarles de esta guisa, pero
348a  después Dionisio y yo vivíamos, yo mirando hacia
afuera, como un pájaro que desea salir volando de
algún sitio, y Dionisio maquinando de qué forma
me habría de espantar sin devolver nada de los bienes de Dion. Sin embargo, ante toda Sicilia decíamos ser compañeros.

Entonces Dionisio trató de rebajar el salario a los
más veteranos de los mercenarios, contra los usos
de su padre, y los soldados enfurecidos se unieron
b  todos juntos y dijeron que no iban a tolerarlo. Él
trató de obligarles cerrando las puertas de la ciu-

dadela, y ellos al punto marcharon hacia las mura-
llas, entonando un peán bárbaro y guerrero, lo cual
atemorizó a Dionisio, que cedió en todo y aún más
ante los soldados que entonces se congregaron. Inmediatamente se extendió un rumor de que Heraclides había sido el causante de todo esto. Al oírlo,
Heraclides se quitó de en medio y desapareció, pero Dionisio lo buscaba para prenderle, y al no con-
seguirlo, mandó llamar a Teódotes al jardín.[22] Y ca-
sualmente yo también estaba en el jardín paseando
en ese momento. Desde luego, no sé ni escuché el
resto de la conversación, pero lo que Teódotes dijo
a Dionisio delante de mí, lo sé y lo recuerdo. Dijo:

—Platón, a Dionisio aquí presente estoy convenciendo: si yo consigo traer aquí a Heraclides
para que nos dé explicaciones sobre las acusacio-
nes que ahora se le imputan, si se decide que éste
no debe habitar en Sicilia, solicito que zarpe al Peloponeso llevándose a su hijo y su mujer, y que viva allí sin oponerse en nada a Dionisio y disfrutan-

---

[22] Teódotes era tío de Heraclides, influyente caudillo popular en
Siracusa, que según cuentan Plutarco y Nepote, acabaría enfrentado a
Dion cuando éste se hizo con el poder en la ciudad.

do de sus rentas. Lo he enviado a buscar ya antes y lo haré también ahora, a ver si me hace caso o por el primer mensaje o por el de ahora. Y a Dionisio le solicito y le ruego, que si alguien se encuentra a Heraclides, sea en el campo, sea aquí, no le suceda ninguna otra desgracia, sino que se marche del país hasta que Dionisio decida otra cosa. ¿Estás de acuerdo en esto? —dijo, dirigiéndose a Dionisio. Y éste dijo:

—Estoy de acuerdo: que no sufra ninguna desgracia contra lo dicho ahora, ni siquiera si aparece junto a tu casa.

Bien, pues al día siguiente por la tarde Euribio y Teódotes llegaron ante mí a toda prisa, increíblemente excitados ambos, y Teódotes toma la palabra:

—Platón —dijo— ¿asististe ayer a lo que Dionisio acordó sobre Heraclides ante mí y ante ti?

—¿Cómo no? —dije—.

—Pues el caso es que ahora —dijo él— los soldados corren por todos lados buscando a Heraclides para prenderle, y hay riesgo de que esté por aquí en alguna parte. Vamos —dijo—, acompáñanos ante Dionisio sin falta.

Así que nos pusimos en marcha y llegamos ante
él, y mientras ambos estaban de pie en silencio llo-
rando, yo hablé:

—Estos están temerosos de que tú hagas algún
cambio contra lo acordado ayer sobre Heraclides,
pues me parece que se le ha avistado de vuelta en
alguna parte por aquí.

Dionisio al oírlo se encendió y se ponía de todos
los colores, como quien se está encolerizando. Cayen-
do a sus pies Teódotes, cogido de su mano, se echó a
llorar y suplicaba que no hiciera nada de tal índole,
y yo tomé la palabra diciendo a modo de consuelo:

—Ten confianza, Teódotes, pues Dionisio no
osará hacer en ningún momento nada contrario a
lo que acordamos ayer.

Y éste, fijando su mirada en mí, y muy al tiránico modo, dijo:

—Contigo yo no he acordado nada, ni pequeño ni grande.

—¡Por los dioses! —dije yo— ¡desde luego que
sí, aquello que éste ahora te ruega que no hagas!

Y tras decir esto me di la vuelta y me marché
fuera. Después, mientras él perseguía a Heracli-

des, Teódotes le enviaba mensajeros apremiándole
a huir. Dionisio, enviando a Tisias y unos soldados,
mandó perseguirle. Pero según se decía, Heraclides
se adelantó en unas horas, y se escapó al territorio
de los cartagineses.

Claro, tras esto, a Dionisio le pareció que la de-
cisión tomada de antiguo de no entregar los bienes
de Dion tenía la justificación plausible de su ene-
mistad contra mí, y en primer lugar me expulsó
fuera de la ciudadela, alegando como pretexto que
las mujeres debían celebrar algún sacrificio de diez
días en el jardín en el que yo vivía, y por tanto me
ordenaba quedarme durante ese tiempo fuera, en
casa de Arquedemo. Mientras yo estaba allí, Teódotes me hizo llamar: estaba muy disgustado por
lo que había sucedido entonces y lanzaba repro-
ches a Dionisio. Éste, tras enterarse de que yo había ido a casa de Teódotes, lo convirtió de nuevo en
otro pretexto para su aversión contra mí, un pretexto hermano del anterior, y por medio de un enviado me preguntó si de verdad había estado con
Teódotes por invitación suya. Y yo dije: «absolutamente». Y el enviado dijo:

—En ese caso, me ha ordenado que te diga que para nada haces bien estimando más a Dion y a los amigos de Dion que a él.

Esto fue lo hablado, y ya no volvió a llamarme a su casa, como si claramente yo ya fuese amigo de Teódotes y Heraclides y enemigo suyo. Tampoco pensaba que yo tuviese estima hacia él, porque a Dion le había liquidado sus bienes por completo. Tras esto ya vivía fuera de la ciudadela entre los mercenarios, y entre otros se me allegaron unos que eran remeros procedentes de Atenas, conciudadanos míos, y me anunciaron que se me había calumniado entre los soldados y que algunos me amenazaban con acabar conmigo si me llegaban a coger. Entonces ingenio el siguiente plan para salvarme: envío recado a Arquitas y los demás amigos de Tarento, diciéndoles la situación en la que me encuentro. Ellos, encontrando un pretexto de embajada, envían de su ciudad un barco de treinta remos con Lamisco, uno de los suyos. Éste, según llegó, rogaba a Dionisio en mi favor, diciendo que quería marcharme y que no hiciera absolutamente nada en contra. Y él estuvo de acuerdo y me despi-

350

b

dió tras darme provisiones para el viaje. En cuanto a los bienes de Dion, ni yo ya los reclamaba ni nadie me hizo entrega de nada.

## DESPEDIDA

Al llegar al Peloponeso, en Olimpia, encontré a Dion participando en el festival, y le relaté lo sucedido. Él, poniendo por testigo a Zeus, al punto nos exhortaba a mí y a mis allegados y amigos a que nos preparásemos para vengarnos de Dionisio, nosotros por el engaño sufrido como huéspedes —pues así lo decía y pensaba— y él por la expulsión injusta y el exilio. Yo tras escucharle le animé a que convocase a mis amigos, si querían.

—Pero a mí —dije— tú junto con los demás me obligaste en cierto modo a compartir con Dionisio mesa, hogar y sacrificios, y él quizá pensaba por las calumnias de muchos que yo conspiraba contigo contra él y su tiranía, y sin embargo no me mató, sino que me respetó. Y yo no tengo ya edad de entrar en guerra contra casi nadie, mas estoy a vuestra común disposición, si en un momento dado, necesitados de amistad mutua, queréis hacer algo bueno. Pero mientras os deseéis cosas malas, convocad a otros.

Dije esto resentido por el desvarío e infortunio sufridos en Sicilia. Y por desobedecerme y no hacer caso a mis intentos de reconciliación, ellos mismos se han hecho culpables, para su propio mal, de todas las desgracias que han ocurrido ahora. Si Dionisio le hubiera dado a Dion sus bienes, o más aún si hubiera habido reconciliación total, nada de esto habría sucedido nunca —al menos, claro es, en cuanto depende de lo humano, pues a Dion yo le habría sujetado fácilmente porque quería y porque podía hacerlo—, pero ahora se han lanzado unos contra otros y todo lo han llenado de desgracias.

Ahora bien, Dion tenía exactamente la misma determinación que yo diría que tenemos que tener cualquiera, incluido yo mismo, que sea moderado respecto a su propio poder, el de sus amigos y su propia ciudad, y abrigue intención de ser su bienhechor desde el poder y con honores, en el máximo grado y en los más altos cargos. Y esto es imposible si uno se enriquece a sí mismo, a sus compañeros y a su ciudad conspirando y reuniendo conjura-

dos, y es mísero e incapaz de autocontrol, sometido
por la bajeza ante los placeres; luego, tras matar a
los que poseen haciendas, llamándolos enemigos,
dispersa sus bienes y anima a sus cómplices y compañeros, para que nadie le acuse señalando su mi-
seria. Y lo mismo también si la ciudad honra como bienhechor suyo a quien reparte los bienes de
la minoría entre la mayoría a base de decretos, o a
quien puesto al frente de una gran ciudad que gobierna sobre muchas menores, en su propia ciudad
reparte los bienes de las más pequeñas sin un criterio justo. Pues bien, ni Dion ni ningún otro busca-
ban voluntariamente un poder malévolo para sí y
para su linaje por siempre jamás, sino un régimen
y una constitución de las leyes más justas y buenas,
que en nada necesite ni siquiera de unas mínimas
muertes y ejecuciones para establecerse.

Esto ha hecho ahora Dion: prefirió padecer impiedades antes que cometerlas, aunque tuvo buen
cuidado de no padecerlas, pero cayó tras llegar a la
cima de superioridad sobre sus enemigos, sin que
sea extraño lo que ha sufrido. Pues un hombre pia-
doso rodeado de impíos, sensato y cuerdo, nun-

ca estaría totalmente engañado acerca del alma de quienes le rodean, pero no sería extraño si sufriera igual que un buen piloto a quien no pasa inadvertido que va a haber un temporal, pero no prevé la magnitud incontrolada e inesperada de los temporales, y éste, imprevisto, lo hace naufragar con violencia. Pues bien, esto mismo derribó a Dion, pues no le pasó en absoluto inadvertido que eran malvados quienes le derribaron, pero no previó cuán grande era su grado de ignorancia y demás tipos de depravación y codicia, y por ello yace derribado, y ha sumido a Sicilia en un inmenso duelo.

Bien, lo dicho hasta ahora es lo que aconsejo: más o menos lo he contado y valga lo dicho. Por esta razón he resumido mi segundo viaje a Sicilia, porque me pareció que era un deber necesario contarlo por lo inusual e irracional de los sucesos. Y si lo dicho ahora le ha parecido razonable a alguno, y hay quien cree tener explicación bastante de lo sucedido, pensaré haberlo contado de manera ponderada y suficiente.

CATÁLOGO DE PUBLICACIONES

# Pensamiento
# Cuadernos de pensamiento

www.krkediciones.com

JUNIO DE 2024

# KRK EDICIONES • PENSAMIENTO

## CUADERNOS DE PENSAMIENTO